monpoké

BABY DIARY

for
:

JN055216

HOW TO USE

【 本書の使い方 】

人生でもっとも大きな成長をとげる０才の赤ちゃん。
１才になるまでの日々の様子や、
気になったことなどを記録しておきましょう。

☞ ## 授乳時間やミルクの量を記録

母乳の場合は、授乳にかかった時間や、「右 10／左 10」
などの詳細を記入しておくのも◎。ミルクの場合は、与えた
量を記入します。離乳食が始まったら、はじめて食べた食
材をメモしておくといいでしょう。

7			7:00
8	にんじん	○	
9	右10 左10		

☞ ## 睡眠時間を記録

入眠から起床までの時間を記録します。睡眠サイクルを把握して
おくことで、赤ちゃんの生活スケジュールを調整しやすくなります。

☞ ## おしっことうんちの
回数や特徴を記録

おしっこは「○」、うんちは「●」など、あらかじめ簡単な記号を
決めておくと記入がラクです。うんちは健康状態を知らせるサイ
ンなので、いつもよりたくさん出たときは「多」、みずっぽいとき
は「水」など特徴を記しておくのもおすすめです。

☞ ## 予定のメモや
ひとこと日記を記入

あらかじめ予定をメモしておいたり、その日あったできご
とや赤ちゃんの様子などを書いたりして、自由に使いましょ
う。体温などの健康状態を記入しておくのも○。

9 / 26 (火)	天気
	晴れ

生後　28　日目	

授乳	6 回	離乳食	回
おしっこ	7 回	うんち	3 回

時刻	授乳	離乳食	おしっこ うんち	ねんね
0	ミ 200ml		○	0:50
1				↓
2				
3				
4	4:40 ～5:00		○	4:20
5				5:00
6				
7				
8	8:30 ～8:50		○ ●	8:15
9			○ 多	さんぽ
10				10:30
11	11:50			11:40
12	～12:15		○	
13				
14				14:00 ↓
15	15:20 ～15:40			15:05
16			○ ●	
17				ふろ
18	18:20 ～18:40			
19			○	19:50
20				
21				
22				
23				↓

★予防接種の予約入れる！

公園で話しかけてくれた
おばあさんに
ニッコリしていた。

☞ 写真や手形など、好きな方法で赤ちゃんの成長を記録

12カ月の記録や「FIRST STEPS & EVENTS」には、約 W127mm × H89mm のフリースペースがあります。
お気に入りフォトを貼ったり、赤ちゃんの手形をスタンプしたり、ママ＆パパが自由に活用してください。

Pick up the monthly best!! **6 months** 生後6カ月	Pick up the monthly best!! **6 months** 生後6カ月	Pick up the monthly best!! **6 months** 生後6カ月

生後6カ月の3大ニュース！
☆ ハーフバースデーを
　家族みんなでお祝い。
☆ 下の歯ぐきに小さな歯を発見！
☆ パパのいないいないばあで
　大爆笑！？

□ **写真**

両面テープなどを使って、とっておきのベストショットを貼りましょう。

□ **手形**

小さな手や足のスタンプも、赤ちゃんのときにしか残せない貴重な記録です。

□ **心に残ったことをメモ**

かわいいしぐさやはじめての体験など、忘れたくない瞬間のメモにも。

☞ 赤ちゃんの体調や予防接種などのデータを記録

体調について気になることや予防接種のスケジュールをメモして、赤ちゃんの健康管理に役立てましょう。

□ 予防接種の記録

ワクチンごとに接種時期が異なるため、スケジュール管理は必須。間隔をあけて複数回接種が必要なワクチンは、次回の予定も記入しておきましょう。

日付	接種した場所	予防接種	回数	次回の予定など
8 / 17	○○こどもクリニック	インフルエンザ菌b型	1	9/20 に 2 回目予約済み。 ☆四種混合の書類も忘れずに！
/	〃	小児用肺炎球菌	1	
9 / 20	○○こどもクリニック	四種混合	1	10/18 に 2 回目予約済み。
/				

□ 健康・受診の記録

いつ・どんな病気やケガをしたか、どこの病院で診察したか、どんな薬を処方されたかなどを記入しておくと便利。病状の経過を記したメモは、受診時にお医者さんと話すときにも役立ちます。

日付	赤ちゃんの体調	病院	メモ
11 / 24	11/24 22:00 → 38.5℃ 11/25 8:00 → 39.1℃ 咳や鼻水はなし　機嫌はよい	○○こどもクリニック	解熱剤が処方された 38.5℃以上でぐったりしていたら使う
11 / 27	11/27 夕方ごろから顔や体に発疹 うんちがぴちゃぴちゃ 熱は 36.9℃	○○こどもクリニック	突発性湿疹との診断 脱水にならないよう注意
2 / 20	2/20　18:00 → 38.2℃ とにかく機嫌が悪くて大泣き 耳をやたらと気にして触る	○○○○耳鼻科	急性中耳炎との診断 鎮痛剤と抗生剤を処方された
/			

PREGNANCY DIARY 【 妊娠中の記録 】

妊娠 　　カ月（第 　　週 　　日） 　　年 　　月 　　日（ 　　）

体重 　　kg ・ 腹囲 　　cm ・ 血圧 　　／　　 mmHg

MEMO

ここに超音波（エコー）の写真やママのおなかの写真を貼りましょう

妊娠 　　カ月（第 　　週 　　日） 　　年 　　月 　　日（ 　　）

体重 　　kg ・ 腹囲 　　cm ・ 血圧 　　／　　 mmHg

MEMO

ここに超音波（エコー）の写真やママのおなかの写真を貼りましょう

妊娠　　カ月（第　　週　　日）　　　　年　　月　　日（　　）

体重　　　　kg　・　腹囲　　　　cm　・　血圧　　　／　　　mmHg

ここに超音波（エコー）の写真やママのおなかの写真を貼りましょう

妊娠　　カ月（第　　週　　日）　　　　年　　月　　日（　　）

体重　　　　kg　・　腹囲　　　　cm　・　血圧　　　／　　　mmHg

ここに超音波（エコー）の写真やママのおなかの写真を貼りましょう

HELLO! NEW BABY!

【 生まれた日のこと 】

● 生まれた日

....

● 生まれた時刻

....

● 生まれた場所

....

● 身長　　　cm ／ 体重　　　g ／ 頭囲　　　cm ／ 胸囲　　　cm

....

● お医者さん／助産師さんのなまえ

....

● 生まれた瞬間のこと

....

....

....

....

● お産をふりかえって

....

....

....

....

ここに生まれた日の記念の一枚を貼りましょう

ちゃん、生まれてきてくれてありがとう！

● なまえに込めた思い・意味

● なまえをつけた人

生後　　　カ月

	天気		天気		天気		天気
／　（　）		／　（　）		／　（　）		／　（　）	

生後　　　日目	生後　　　日目	生後　　　日目	生後　　　日目

授乳　　回　離乳食　　回　　授乳　　回　離乳食　　回　　授乳　　回　離乳食　　回　　授乳　　回　離乳食　　回
おしっこ　回　うんち　　回　　おしっこ　回　うんち　　回　　おしっこ　回　うんち　　回　　おしっこ　回　うんち　　回

時刻	授乳	離乳食	おしっこ	うんち	ねんね	時刻	授乳	離乳食	おしっこ	うんち	ねんね	時刻	授乳	離乳食	おしっこ	うんち	ねんね	時刻	授乳	離乳食	おしっこ	うんち	ねんね
0						0						0						0					
1						1						1						1					
2						2						2						2					
3						3						3						3					
4						4						4						4					
5						5						5						5					
6						6						6						6					
7						7						7						7					
8						8						8						8					
9						9						9						9					
10						10						10						10					
11						11						11						11					
12						12						12						12					
13						13						13						13					
14						14						14						14					
15						15						15						15					
16						16						16						16					
17						17						17						17					
18						18						18						18					
19						19						19						19					
20						20						20						20					
21						21						21						21					
22						22						22						22					
23						23						23						23					

/ ( )	天気	/ ( )	天気	/ ( )	天気	NOTE

生後 日目	生後 日目	生後 日目

授乳 回	離乳食 回	授乳 回	離乳食 回	授乳 回	離乳食 回
おしっこ 回	うんち 回	おしっこ 回	うんち 回	おしっこ 回	うんち 回

時刻	授乳	離乳食	おしっこ	うんち	ねんね	時刻	授乳	離乳食	おしっこ	うんち	ねんね	時刻	授乳	離乳食	おしっこ	うんち	ねんね
0						0						0					
1						1						1					
2						2						2					
3						3						3					
4						4						4					
5						5						5					
6						6						6					
7						7						7					
8						8						8					
9						9						9					
10						10						10					
11						11						11					
12						12						12					
13						13						13					
14						14						14					
15						15						15					
16						16						16					
17						17						17					
18						18						18					
19						19						19					
20						20						20					
21						21						21					
22						22						22					
23						23						23					

生後	カ月

				天気					天気					天気					天気
／	（ ）				／	（ ）				／	（ ）				／	（ ）			

生後	日目	生後	日目	生後	日目	生後	日目

授乳	回	離乳食	回	授乳	回	離乳食	回	授乳	回	離乳食	回	授乳	回	離乳食	回
おしっこ	回	うんち	回	おしっこ	回	うんち	回	おしっこ	回	うんち	回	おしっこ	回	うんち	回

時刻	授乳	離乳食	おしっこ	うんち	ねんね	時刻	授乳	離乳食	おしっこ	うんち	ねんね	時刻	授乳	離乳食	おしっこ	うんち	ねんね	時刻	授乳	離乳食	おしっこ	うんち	ねんね
0						0						0						0					
1						1						1						1					
2						2						2						2					
3						3						3						3					
4						4						4						4					
5						5						5						5					
6						6						6						6					
7						7						7						7					
8						8						8						8					
9						9						9						9					
10						10						10						10					
11						11						11						11					
12						12						12						12					
13						13						13						13					
14						14						14						14					
15						15						15						15					
16						16						16						16					
17						17						17						17					
18						18						18						18					
19						19						19						19					
20						20						20						20					
21						21						21						21					
22						22						22						22					
23						23						23						23					

				天気					天気					天気		NOTE
／ ( )					／ ( )					／ ( )						

生後	日目	生後	日目	生後	日目

授乳	回	離乳食	回	授乳	回	離乳食	回	授乳	回	離乳食	回
おしっこ	回	うんち	回	おしっこ	回	うんち	回	おしっこ	回	うんち	回

時刻	授乳	離乳食	おしっこ	うんち	ねんね	時刻	授乳	離乳食	おしっこ	うんち	ねんね	時刻	授乳	離乳食	おしっこ	うんち	ねんね
0						0						0					
1						1						1					
2						2						2					
3						3						3					
4						4						4					
5						5						5					
6						6						6					
7						7						7					
8						8						8					
9						9						9					
10						10						10					
11						11						11					
12						12						12					
13						13						13					
14						14						14					
15						15						15					
16						16						16					
17						17						17					
18						18						18					
19						19						19					
20						20						20					
21						21						21					
22						22						22					
23						23						23					

生後		カ月

／ （ ）	天気	／ （ ）	天気	／ （ ）	天気	／ （ ）	天気

生後	日目	生後	日目	生後	日目	生後	日目

授乳	回	離乳食	回	授乳	回	離乳食	回	授乳	回	離乳食	回	授乳	回	離乳食	回
おしっこ	回	うんち	回	おしっこ	回	うんち	回	おしっこ	回	うんち	回	おしっこ	回	うんち	回

時刻	授乳	離乳食	おしっこ	うんち	ねんね	時刻	授乳	離乳食	おしっこ	うんち	ねんね	時刻	授乳	離乳食	おしっこ	うんち	ねんね	時刻	授乳	離乳食	おしっこ	うんち	ねんね
0						0						0						0					
1						1						1						1					
2						2						2						2					
3						3						3						3					
4						4						4						4					
5						5						5						5					
6						6						6						6					
7						7						7						7					
8						8						8						8					
9						9						9						9					
10						10						10						10					
11						11						11						11					
12						12						12						12					
13						13						13						13					
14						14						14						14					
15						15						15						15					
16						16						16						16					
17						17						17						17					
18						18						18						18					
19						19						19						19					
20						20						20						20					
21						21						21						21					
22						22						22						22					
23						23						23						23					

NOTE

/ ( )	天気
生後　　　　日目	

授乳　　　回　　離乳食　　　回
おしっこ　　回　　うんち　　　回

時刻	授乳	離乳食	おしっこ	うんち	ねんね
0					
1					
2					
3					
4					
5					
6					
7					
8					
9					
10					
11					
12					
13					
14					
15					
16					
17					
18					
19					
20					
21					
22					
23					

/ ( )	天気
生後　　　　日目	

授乳　　　回　　離乳食　　　回
おしっこ　　回　　うんち　　　回

時刻	授乳	離乳食	おしっこ	うんち	ねんね
0					
1					
2					
3					
4					
5					
6					
7					
8					
9					
10					
11					
12					
13					
14					
15					
16					
17					
18					
19					
20					
21					
22					
23					

/ ( )	天気
生後　　　　日目	

授乳　　　回　　離乳食　　　回
おしっこ　　回　　うんち　　　回

時刻	授乳	離乳食	おしっこ	うんち	ねんね
0					
1					
2					
3					
4					
5					
6					
7					
8					
9					
10					
11					
12					
13					
14					
15					
16					
17					
18					
19					
20					
21					
22					
23					

生後　　　カ月

/ （ ）	天気	/ （ ）	天気	/ （ ）	天気	/ （ ）	天気

生後　　日目	生後　　日目	生後　　日目	生後　　日目

授乳　回 離乳食　回	授乳　回 離乳食　回	授乳　回 離乳食　回	授乳　回 離乳食　回
おしっこ　回 うんち　回	おしっこ　回 うんち　回	おしっこ　回 うんち　回	おしっこ　回 うんち　回

時刻	授乳	離乳食	おしっこ	うんち	ねんね	時刻	授乳	離乳食	おしっこ	うんち	ねんね	時刻	授乳	離乳食	おしっこ	うんち	ねんね	時刻	授乳	離乳食	おしっこ	うんち	ねんね
0						0						0						0					
1						1						1						1					
2						2						2						2					
3						3						3						3					
4						4						4						4					
5						5						5						5					
6						6						6						6					
7						7						7						7					
8						8						8						8					
9						9						9						9					
10						10						10						10					
11						11						11						11					
12						12						12						12					
13						13						13						13					
14						14						14						14					
15						15						15						15					
16						16						16						16					
17						17						17						17					
18						18						18						18					
19						19						19						19					
20						20						20						20					
21						21						21						21					
22						22						22						22					
23						23						23						23					

		天気			天気			天気		**NOTE**
／ ( )			／ ( )			／ ( )				

生後　　　日目	生後　　　日目	生後　　　日目	

授乳　　回　離乳食　　回	授乳　　回　離乳食　　回	授乳　　回　離乳食　　回
おしっこ　回　うんち　回	おしっこ　回　うんち　回	おしっこ　回　うんち　回

時刻	授乳	離乳食	おしっこ	うんち	ねんね	時刻	授乳	離乳食	おしっこ	うんち	ねんね	時刻	授乳	離乳食	おしっこ	うんち	ねんね
0						0						0					
1						1						1					
2						2						2					
3						3						3					
4						4						4					
5						5						5					
6						6						6					
7						7						7					
8						8						8					
9						9						9					
10						10						10					
11						11						11					
12						12						12					
13						13						13					
14						14						14					
15						15						15					
16						16						16					
17						17						17					
18						18						18					
19						19						19					
20						20						20					
21						21						21					
22						22						22					
23						23						23					

生後　　　カ月

| 生後 | | | | 日目 | 生後 | | | | 日目 | 生後 | | | | 日目 | 生後 | | | | 日目 |

／　　（　　）　天気　　／　　（　　）　天気　　／　　（　　）　天気　　／　　（　　）　天気

授乳　　回　離乳食　　回　　授乳　　回　離乳食　　回　　授乳　　回　離乳食　　回　　授乳　　回　離乳食　　回
おしっこ　回　うんち　　回　　おしっこ　回　うんち　　回　　おしっこ　回　うんち　　回　　おしっこ　回　うんち　　回

時刻	授乳	離乳食	おしっこ	うんち	ねんね	時刻	授乳	離乳食	おしっこ	うんち	ねんね	時刻	授乳	離乳食	おしっこ	うんち	ねんね	時刻	授乳	離乳食	おしっこ	うんち	ねんね
0						0						0						0					
1						1						1						1					
2						2						2						2					
3						3						3						3					
4						4						4						4					
5						5						5						5					
6						6						6						6					
7						7						7						7					
8						8						8						8					
9						9						9						9					
10						10						10						10					
11						11						11						11					
12						12						12						12					
13						13						13						13					
14						14						14						14					
15						15						15						15					
16						16						16						16					
17						17						17						17					
18						18						18						18					
19						19						19						19					
20						20						20						20					
21						21						21						21					
22						22						22						22					
23						23						23						23					

			天気				天気				天気	**NOTE**
／ ( )				／ ( )				／ ( )				

生後　　　　日目	生後　　　　日目	生後　　　　日目

授乳　　　回　離乳食　　　回	授乳　　　回　離乳食　　　回	授乳　　　回　離乳食　　　回
おしっこ　　回　うんち　　　回	おしっこ　　回　うんち　　　回	おしっこ　　回　うんち　　　回

時刻	授乳	離乳食	おしっこ	うんち	ねんね	時刻	授乳	離乳食	おしっこ	うんち	ねんね	時刻	授乳	離乳食	おしっこ	うんち	ねんね
0						0						0					
1						1						1					
2						2						2					
3						3						3					
4						4						4					
5						5						5					
6						6						6					
7						7						7					
8						8						8					
9						9						9					
10						10						10					
11						11						11					
12						12						12					
13						13						13					
14						14						14					
15						15						15					
16						16						16					
17						17						17					
18						18						18					
19						19						19					
20						20						20					
21						21						21					
22						22						22					
23						23						23					

生後　　　カ月

		天気			天気			天気			天気
／ （ ）			／ （ ）			／ （ ）			／ （ ）		

生後　　　日目	生後　　　日目	生後　　　日目	生後　　　日目

授乳　回　離乳食　回	授乳　回　離乳食　回	授乳　回　離乳食　回	授乳　回　離乳食　回
おしっこ　回　うんち　回	おしっこ　回　うんち　回	おしっこ　回　うんち　回	おしっこ　回　うんち　回

時刻	授乳	離乳食	おしっこ	うんち	ねんね	時刻	授乳	離乳食	おしっこ	うんち	ねんね	時刻	授乳	離乳食	おしっこ	うんち	ねんね	時刻	授乳	離乳食	おしっこ	うんち	ねんね
0						0						0						0					
1						1						1						1					
2						2						2						2					
3						3						3						3					
4						4						4						4					
5						5						5						5					
6						6						6						6					
7						7						7						7					
8						8						8						8					
9						9						9						9					
10						10						10						10					
11						11						11						11					
12						12						12						12					
13						13						13						13					
14						14						14						14					
15						15						15						15					
16						16						16						16					
17						17						17						17					
18						18						18						18					
19						19						19						19					
20						20						20						20					
21						21						21						21					
22						22						22						22					
23						23						23						23					

| | / （ ） | 天気 | | / （ ） | 天気 | | / （ ） | 天気 | NOTE |

| 生後 | 日目 | 生後 | 日目 | 生後 | 日目 |

| 授乳 | 回 | 離乳食 | 回 | 授乳 | 回 | 離乳食 | 回 | 授乳 | 回 | 離乳食 | 回 |
| おしっこ | 回 | うんち | 回 | おしっこ | 回 | うんち | 回 | おしっこ | 回 | うんち | 回 |

時刻	授乳	離乳食	おしっこ	うんち	ねんね	時刻	授乳	離乳食	おしっこ	うんち	ねんね	時刻	授乳	離乳食	おしっこ	うんち	ねんね
0						0						0					
1						1						1					
2						2						2					
3						3						3					
4						4						4					
5						5						5					
6						6						6					
7						7						7					
8						8						8					
9						9						9					
10						10						10					
11						11						11					
12						12						12					
13						13						13					
14						14						14					
15						15						15					
16						16						16					
17						17						17					
18						18						18					
19						19						19					
20						20						20					
21						21						21					
22						22						22					
23						23						23					

生後　　　カ月

| / （ ） | 天気 | / （ ） | 天気 | / （ ） | 天気 | / （ ） | 天気 |

| 生後　　　日目 | 生後　　　日目 | 生後　　　日目 | 生後　　　日目 |

| 授乳　　回　離乳食　　回 | 授乳　　回　離乳食　　回 | 授乳　　回　離乳食　　回 | 授乳　　回　離乳食　　回 |
| おしっこ　回　うんち　　回 | おしっこ　回　うんち　　回 | おしっこ　回　うんち　　回 | おしっこ　回　うんち　　回 |

時刻	授乳	離乳食	おしっこ	うんち	ねんね	時刻	授乳	離乳食	おしっこ	うんち	ねんね	時刻	授乳	離乳食	おしっこ	うんち	ねんね	時刻	授乳	離乳食	おしっこ	うんち	ねんね
0						0						0						0					
1						1						1						1					
2						2						2						2					
3						3						3						3					
4						4						4						4					
5						5						5						5					
6						6						6						6					
7						7						7						7					
8						8						8						8					
9						9						9						9					
10						10						10						10					
11						11						11						11					
12						12						12						12					
13						13						13						13					
14						14						14						14					
15						15						15						15					
16						16						16						16					
17						17						17						17					
18						18						18						18					
19						19						19						19					
20						20						20						20					
21						21						21						21					
22						22						22						22					
23						23						23						23					

／　（　）	天気		／　（　）	天気		／　（　）	天気	**NOTE**

生後　　　日目	生後　　　日目	生後　　　日目

授乳	回	離乳食	回	授乳	回	離乳食	回	授乳	回	離乳食	回
おしっこ	回	うんち	回	おしっこ	回	うんち	回	おしっこ	回	うんち	回

時刻	授乳	離乳食	おしっこ	うんち	ねんね	時刻	授乳	離乳食	おしっこ	うんち	ねんね	時刻	授乳	離乳食	おしっこ	うんち	ねんね
0						0						0					
1						1						1					
2						2						2					
3						3						3					
4						4						4					
5						5						5					
6						6						6					
7						7						7					
8						8						8					
9						9						9					
10						10						10					
11						11						11					
12						12						12					
13						13						13					
14						14						14					
15						15						15					
16						16						16					
17						17						17					
18						18						18					
19						19						19					
20						20						20					
21						21						21					
22						22						22					
23						23						23					

生後 　　　カ月

/ 　（ ）	天気	/ 　（ ）	天気	/ 　（ ）	天気	/ 　（ ）	天気

生後 　　　日目	生後 　　　日目	生後 　　　日目	生後 　　　日目

授乳 回	離乳食 回	授乳 回	離乳食 回	授乳 回	離乳食 回	授乳 回	離乳食 回
おしっこ 回	うんち 回	おしっこ 回	うんち 回	おしっこ 回	うんち 回	おしっこ 回	うんち 回

時刻	授乳	離乳食	おしっこ	うんち	ねんね	時刻	授乳	離乳食	おしっこ	うんち	ねんね	時刻	授乳	離乳食	おしっこ	うんち	ねんね	時刻	授乳	離乳食	おしっこ	うんち	ねんね
0						0						0						0					
1						1						1						1					
2						2						2						2					
3						3						3						3					
4						4						4						4					
5						5						5						5					
6						6						6						6					
7						7						7						7					
8						8						8						8					
9						9						9						9					
10						10						10						10					
11						11						11						11					
12						12						12						12					
13						13						13						13					
14						14						14						14					
15						15						15						15					
16						16						16						16					
17						17						17						17					
18						18						18						18					
19						19						19						19					
20						20						20						20					
21						21						21						21					
22						22						22						22					
23						23						23						23					

		天気				天気				天気	NOTE
／ ( )				／ ( )				／ ( )			

生後 日目	生後 日目	生後 日目	

授乳	回	離乳食	回	授乳	回	離乳食	回	授乳	回	離乳食	回
おしっこ	回	うんち	回	おしっこ	回	うんち	回	おしっこ	回	うんち	回

時刻	授乳	離乳食	おしっこ	うんち	ねんね	時刻	授乳	離乳食	おしっこ	うんち	ねんね	時刻	授乳	離乳食	おしっこ	うんち	ねんね
0						0						0					
1						1						1					
2						2						2					
3						3						3					
4						4						4					
5						5						5					
6						6						6					
7						7						7					
8						8						8					
9						9						9					
10						10						10					
11						11						11					
12						12						12					
13						13						13					
14						14						14					
15						15						15					
16						16						16					
17						17						17					
18						18						18					
19						19						19					
20						20						20					
21						21						21					
22						22						22					
23						23						23					

生後　　　カ月

生後	日目	天気	生後	日目	天気	生後	日目	天気	生後	日目	天気
／　（　）			／　（　）			／　（　）			／　（　）		

授乳	回	離乳食	回	授乳	回	離乳食	回	授乳	回	離乳食	回	授乳	回	離乳食	回
おしっこ	回	うんち	回	おしっこ	回	うんち	回	おしっこ	回	うんち	回	おしっこ	回	うんち	回

時刻	授乳	離乳食	おしっこ	うんち	ねんね	時刻	授乳	離乳食	おしっこ	うんち	ねんね	時刻	授乳	離乳食	おしっこ	うんち	ねんね	時刻	授乳	離乳食	おしっこ	うんち	ねんね
0						0						0						0					
1						1						1						1					
2						2						2						2					
3						3						3						3					
4						4						4						4					
5						5						5						5					
6						6						6						6					
7						7						7						7					
8						8						8						8					
9						9						9						9					
10						10						10						10					
11						11						11						11					
12						12						12						12					
13						13						13						13					
14						14						14						14					
15						15						15						15					
16						16						16						16					
17						17						17						17					
18						18						18						18					
19						19						19						19					
20						20						20						20					
21						21						21						21					
22						22						22						22					
23						23						23						23					

	/ ( )	天気		/ ( )	天気		/ ( )	天気	NOTE

生後　　日目	生後　　日目	生後　　日目

授乳　　回　離乳食　　回	授乳　　回　離乳食　　回	授乳　　回　離乳食　　回
おしっこ　　回　うんち　　回	おしっこ　　回　うんち　　回	おしっこ　　回　うんち　　回

時刻	授乳	離乳食	おしっこ	うんち	ねんね	時刻	授乳	離乳食	おしっこ	うんち	ねんね	時刻	授乳	離乳食	おしっこ	うんち	ねんね
0						0						0					
1						1						1					
2						2						2					
3						3						3					
4						4						4					
5						5						5					
6						6						6					
7						7						7					
8						8						8					
9						9						9					
10						10						10					
11						11						11					
12						12						12					
13						13						13					
14						14						14					
15						15						15					
16						16						16					
17						17						17					
18						18						18					
19						19						19					
20						20						20					
21						21						21					
22						22						22					
23						23						23					

生後　　　カ月

	天気			天気			天気			天気
／　（　）			／　（　）			／　（　）			／　（　）	
生後　　　日目			生後　　　日目			生後　　　日目			生後　　　日目	

授乳　　回	離乳食　　回	授乳　　回	離乳食　　回	授乳　　回	離乳食　　回	授乳　　回	離乳食　　回
おしっこ　回	うんち　　回	おしっこ　回	うんち　　回	おしっこ　回	うんち　　回	おしっこ　回	うんち　　回

時刻	授乳	離乳食	おしっこ	うんち	ねんね
0					
1					
2					
3					
4					
5					
6					
7					
8					
9					
10					
11					
12					
13					
14					
15					
16					
17					
18					
19					
20					
21					
22					
23					

（時刻・授乳・離乳食・おしっこ・うんち・ねんね の表が4列分繰り返し）

| / （ ） | 天気 | / （ ） | 天気 | / （ ） | 天気 | NOTE |

| 生後 | 日目 | 生後 | 日目 | 生後 | 日目 |

| 授乳 | 回 | 離乳食 | 回 | 授乳 | 回 | 離乳食 | 回 | 授乳 | 回 | 離乳食 | 回 |
| おしっこ | 回 | うんち | 回 | おしっこ | 回 | うんち | 回 | おしっこ | 回 | うんち | 回 |

時刻	授乳	離乳食	おしっこ	うんち	ねんね	時刻	授乳	離乳食	おしっこ	うんち	ねんね	時刻	授乳	離乳食	おしっこ	うんち	ねんね
0						0						0					
1						1						1					
2						2						2					
3						3						3					
4						4						4					
5						5						5					
6						6						6					
7						7						7					
8						8						8					
9						9						9					
10						10						10					
11						11						11					
12						12						12					
13						13						13					
14						14						14					
15						15						15					
16						16						16					
17						17						17					
18						18						18					
19						19						19					
20						20						20					
21						21						21					
22						22						22					
23						23						23					

生後　　　カ月

／　（　）	天気	／　（　）	天気	／　（　）	天気	／　（　）	天気

生後　　　日目	生後　　　日目	生後　　　日目	生後　　　日目

授乳	回	離乳食	回
おしっこ	回	うんち	回

時刻	授乳	離乳食	おしっこ	うんち	ねんね	時刻	授乳	離乳食	おしっこ	うんち	ねんね	時刻	授乳	離乳食	おしっこ	うんち	ねんね	時刻	授乳	離乳食	おしっこ	うんち	ねんね
0						0						0						0					
1						1						1						1					
2						2						2						2					
3						3						3						3					
4						4						4						4					
5						5						5						5					
6						6						6						6					
7						7						7						7					
8						8						8						8					
9						9						9						9					
10						10						10						10					
11						11						11						11					
12						12						12						12					
13						13						13						13					
14						14						14						14					
15						15						15						15					
16						16						16						16					
17						17						17						17					
18						18						18						18					
19						19						19						19					
20						20						20						20					
21						21						21						21					
22						22						22						22					
23						23						23						23					

/ ( )	天気		/ ( )	天気		/ ( )	天気	NOTE

生後　　　日目	生後　　　日目	生後　　　日目

授乳	回	離乳食	回
おしっこ	回	うんち	回

授乳	回	離乳食	回
おしっこ	回	うんち	回

授乳	回	離乳食	回
おしっこ	回	うんち	回

時刻	授乳	離乳食	おしっこ	うんち	ねんね
0					
1					
2					
3					
4					
5					
6					
7					
8					
9					
10					
11					
12					
13					
14					
15					
16					
17					
18					
19					
20					
21					
22					
23					

時刻	授乳	離乳食	おしっこ	うんち	ねんね
0					
1					
2					
3					
4					
5					
6					
7					
8					
9					
10					
11					
12					
13					
14					
15					
16					
17					
18					
19					
20					
21					
22					
23					

時刻	授乳	離乳食	おしっこ	うんち	ねんね
0					
1					
2					
3					
4					
5					
6					
7					
8					
9					
10					
11					
12					
13					
14					
15					
16					
17					
18					
19					
20					
21					
22					
23					

生後　　　　カ月

／　（　）	天気	／　（　）	天気	／　（　）	天気	／　（　）	天気

生後　　　　日目	生後　　　　日目	生後　　　　日目	生後　　　　日目

授乳　　回　離乳食　　回	授乳　　回　離乳食　　回	授乳　　回　離乳食　　回	授乳　　回　離乳食　　回
おしっこ　回　うんち　回	おしっこ　回　うんち　回	おしっこ　回　うんち　回	おしっこ　回　うんち　回

時刻	授乳	離乳食	おしっこ	うんち	ねんね	時刻	授乳	離乳食	おしっこ	うんち	ねんね	時刻	授乳	離乳食	おしっこ	うんち	ねんね	時刻	授乳	離乳食	おしっこ	うんち	ねんね
0						0						0						0					
1						1						1						1					
2						2						2						2					
3						3						3						3					
4						4						4						4					
5						5						5						5					
6						6						6						6					
7						7						7						7					
8						8						8						8					
9						9						9						9					
10						10						10						10					
11						11						11						11					
12						12						12						12					
13						13						13						13					
14						14						14						14					
15						15						15						15					
16						16						16						16					
17						17						17						17					
18						18						18						18					
19						19						19						19					
20						20						20						20					
21						21						21						21					
22						22						22						22					
23						23						23						23					

	/ ( )	天気		/ ( )	天気		/ ( )	天気	NOTE

生後　　　日目 （×3）

授乳	回	離乳食	回
おしっこ	回	うんち	回

時刻	授乳	離乳食	おしっこ	うんち	ねんね
0					
1					
2					
3					
4					
5					
6					
7					
8					
9					
10					
11					
12					
13					
14					
15					
16					
17					
18					
19					
20					
21					
22					
23					

生後 　　　カ月

/ （ ）	天気	/ （ ）	天気	/ （ ）	天気	/ （ ）	天気

生後　　　日目　　生後　　　日目　　生後　　　日目　　生後　　　日目

授乳	回	離乳食	回	授乳	回	離乳食	回	授乳	回	離乳食	回	授乳	回	離乳食	回
おしっこ	回	うんち	回	おしっこ	回	うんち	回	おしっこ	回	うんち	回	おしっこ	回	うんち	回

時刻	授乳	離乳食	おしっこ	うんち	ねんね	時刻	授乳	離乳食	おしっこ	うんち	ねんね	時刻	授乳	離乳食	おしっこ	うんち	ねんね	時刻	授乳	離乳食	おしっこ	うんち	ねんね
0						0						0						0					
1						1						1						1					
2						2						2						2					
3						3						3						3					
4						4						4						4					
5						5						5						5					
6						6						6						6					
7						7						7						7					
8						8						8						8					
9						9						9						9					
10						10						10						10					
11						11						11						11					
12						12						12						12					
13						13						13						13					
14						14						14						14					
15						15						15						15					
16						16						16						16					
17						17						17						17					
18						18						18						18					
19						19						19						19					
20						20						20						20					
21						21						21						21					
22						22						22						22					
23						23						23						23					

/ ( )	天気		/ ( )	天気		/ ( )	天気	NOTE

生後　　日目	生後　　日目	生後　　日目

授乳　　回　離乳食　　回	授乳　　回　離乳食　　回	授乳　　回　離乳食　　回
おしっこ　回　うんち　　回	おしっこ　回　うんち　　回	おしっこ　回　うんち　　回

時刻	授乳	離乳食	おしっこ	うんち	ねんね	時刻	授乳	離乳食	おしっこ	うんち	ねんね	時刻	授乳	離乳食	おしっこ	うんち	ねんね
0						0						0					
1						1						1					
2						2						2					
3						3						3					
4						4						4					
5						5						5					
6						6						6					
7						7						7					
8						8						8					
9						9						9					
10						10						10					
11						11						11					
12						12						12					
13						13						13					
14						14						14					
15						15						15					
16						16						16					
17						17						17					
18						18						18					
19						19						19					
20						20						20					
21						21						21					
22						22						22					
23						23						23					

生後 　　　カ月

／　　（　）	天気	／　　（　）	天気	／　　（　）	天気	／　　（　）	天気

生後　　　日目	生後　　　日目	生後　　　日目	生後　　　日目

授乳　　回	離乳食　　回	授乳　　回	離乳食　　回	授乳　　回	離乳食　　回	授乳　　回	離乳食　　回
おしっこ　回	うんち　　回	おしっこ　回	うんち　　回	おしっこ　回	うんち　　回	おしっこ　回	うんち　　回

時刻	授乳	離乳食	おしっこ	うんち	ねんね	時刻	授乳	離乳食	おしっこ	うんち	ねんね	時刻	授乳	離乳食	おしっこ	うんち	ねんね	時刻	授乳	離乳食	おしっこ	うんち	ねんね
0						0						0						0					
1						1						1						1					
2						2						2						2					
3						3						3						3					
4						4						4						4					
5						5						5						5					
6						6						6						6					
7						7						7						7					
8						8						8						8					
9						9						9						9					
10						10						10						10					
11						11						11						11					
12						12						12						12					
13						13						13						13					
14						14						14						14					
15						15						15						15					
16						16						16						16					
17						17						17						17					
18						18						18						18					
19						19						19						19					
20						20						20						20					
21						21						21						21					
22						22						22						22					
23						23						23						23					

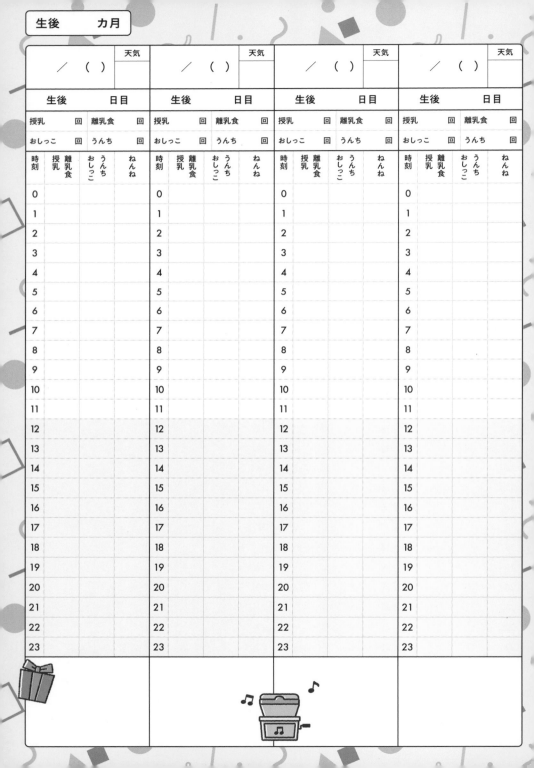

/ （ ）	天気

生後　　　　日目

授乳	回	離乳食	回
おしっこ	回	うんち	回

時刻	授乳	離乳食	おしっこ	うんち	ねんね
0					
1					
2					
3					
4					
5					
6					
7					
8					
9					
10					
11					
12					
13					
14					
15					
16					
17					
18					
19					
20					
21					
22					
23					

/ （ ）	天気

生後　　　　日目

授乳	回	離乳食	回
おしっこ	回	うんち	回

時刻	授乳	離乳食	おしっこ	うんち	ねんね
0					
1					
2					
3					
4					
5					
6					
7					
8					
9					
10					
11					
12					
13					
14					
15					
16					
17					
18					
19					
20					
21					
22					
23					

/ （ ）	天気

生後　　　　日目

授乳	回	離乳食	回
おしっこ	回	うんち	回

時刻	授乳	離乳食	おしっこ	うんち	ねんね
0					
1					
2					
3					
4					
5					
6					
7					
8					
9					
10					
11					
12					
13					
14					
15					
16					
17					
18					
19					
20					
21					
22					
23					

NOTE

生後　　　カ月

/ （ ）	天気	/ （ ）	天気	/ （ ）	天気	/ （ ）	天気

生後　　日目	生後　　日目	生後　　日目	生後　　日目

授乳　　回　離乳食　　回	授乳　　回　離乳食　　回	授乳　　回　離乳食　　回	授乳　　回　離乳食　　回
おしっこ　回　うんち　　回	おしっこ　回　うんち　　回	おしっこ　回　うんち　　回	おしっこ　回　うんち　　回

時刻	授乳	離乳食	おしっこ	うんち	ねんね
0					
1					
2					
3					
4					
5					
6					
7					
8					
9					
10					
11					
12					
13					
14					
15					
16					
17					
18					
19					
20					
21					
22					
23					

		天気			天気			天気
／ （ ）			／ （ ）			／ （ ）		

生後　　　　日目	生後　　　　日目	生後　　　　日目	NOTE

授乳	回	離乳食	回
おしっこ	回	うんち	回

授乳	回	離乳食	回
おしっこ	回	うんち	回

授乳	回	離乳食	回
おしっこ	回	うんち	回

時刻	授乳	離乳食	おしっこ	うんち	ねんね	時刻	授乳	離乳食	おしっこ	うんち	ねんね	時刻	授乳	離乳食	おしっこ	うんち	ねんね
0						0						0					
1						1						1					
2						2						2					
3						3						3					
4						4						4					
5						5						5					
6						6						6					
7						7						7					
8						8						8					
9						9						9					
10						10						10					
11						11						11					
12						12						12					
13						13						13					
14						14						14					
15						15						15					
16						16						16					
17						17						17					
18						18						18					
19						19						19					
20						20						20					
21						21						21					
22						22						22					
23						23						23					

生後　　　カ月

／　（　）	天気	／　（　）	天気	／　（　）	天気	／　（　）	天気

生後　　　日目	生後　　　日目	生後　　　日目	生後　　　日目

授乳　　回	離乳食　　回	授乳　　回	離乳食　　回	授乳　　回	離乳食　　回	授乳　　回	離乳食　　回
おしっこ　回	うんち　回	おしっこ　回	うんち　回	おしっこ　回	うんち　回	おしっこ　回	うんち　回

時刻	授乳	離乳食	おしっこ	うんち	ねんね	時刻	授乳	離乳食	おしっこ	うんち	ねんね	時刻	授乳	離乳食	おしっこ	うんち	ねんね	時刻	授乳	離乳食	おしっこ	うんち	ねんね
0						0						0						0					
1						1						1						1					
2						2						2						2					
3						3						3						3					
4						4						4						4					
5						5						5						5					
6						6						6						6					
7						7						7						7					
8						8						8						8					
9						9						9						9					
10						10						10						10					
11						11						11						11					
12						12						12						12					
13						13						13						13					
14						14						14						14					
15						15						15						15					
16						16						16						16					
17						17						17						17					
18						18						18						18					
19						19						19						19					
20						20						20						20					
21						21						21						21					
22						22						22						22					
23						23						23						23					

		天気
/ ( )		

生後	日目

授乳	回	離乳食	回
おしっこ	回	うんち	回

時刻	授乳	離乳食	おしっこ	うんち	ねんね
0					
1					
2					
3					
4					
5					
6					
7					
8					
9					
10					
11					
12					
13					
14					
15					
16					
17					
18					
19					
20					
21					
22					
23					

		天気
/ ( )		

生後	日目

授乳	回	離乳食	回
おしっこ	回	うんち	回

時刻	授乳	離乳食	おしっこ	うんち	ねんね
0					
1					
2					
3					
4					
5					
6					
7					
8					
9					
10					
11					
12					
13					
14					
15					
16					
17					
18					
19					
20					
21					
22					
23					

		天気
/ ( )		

生後	日目

授乳	回	離乳食	回
おしっこ	回	うんち	回

時刻	授乳	離乳食	おしっこ	うんち	ねんね
0					
1					
2					
3					
4					
5					
6					
7					
8					
9					
10					
11					
12					
13					
14					
15					
16					
17					
18					
19					
20					
21					
22					
23					

NOTE

生後　　　カ月

生後	日目	天気		生後	日目	天気		生後	日目	天気		生後	日目	天気
／　（　）				／　（　）				／　（　）				／　（　）		

授乳　　回　離乳食　　回　　おしっこ　回　うんち　回

授乳　　回　離乳食　　回　　おしっこ　回　うんち　回

授乳　　回　離乳食　　回　　おしっこ　回　うんち　回

授乳　　回　離乳食　　回　　おしっこ　回　うんち　回

時刻	授乳	離乳食	おしっこ	うんち	ねんね	時刻	授乳	離乳食	おしっこ	うんち	ねんね	時刻	授乳	離乳食	おしっこ	うんち	ねんね	時刻	授乳	離乳食	おしっこ	うんち	ねんね
0						0						0						0					
1						1						1						1					
2						2						2						2					
3						3						3						3					
4						4						4						4					
5						5						5						5					
6						6						6						6					
7						7						7						7					
8						8						8						8					
9						9						9						9					
10						10						10						10					
11						11						11						11					
12						12						12						12					
13						13						13						13					
14						14						14						14					
15						15						15						15					
16						16						16						16					
17						17						17						17					
18						18						18						18					
19						19						19						19					
20						20						20						20					
21						21						21						21					
22						22						22						22					
23						23						23						23					

	天気			天気			天気	NOTE
／ （ ）			／ （ ）			／ （ ）		

生後 日目	生後 日目	生後 日目

授乳 回 離乳食 回	授乳 回 離乳食 回	授乳 回 離乳食 回
おしっこ 回 うんち 回	おしっこ 回 うんち 回	おしっこ 回 うんち 回

時刻	授乳	離乳食	おしっこ	うんち	ねんね	時刻	授乳	離乳食	おしっこ	うんち	ねんね	時刻	授乳	離乳食	おしっこ	うんち	ねんね
0						0						0					
1						1						1					
2						2						2					
3						3						3					
4						4						4					
5						5						5					
6						6						6					
7						7						7					
8						8						8					
9						9						9					
10						10						10					
11						11						11					
12						12						12					
13						13						13					
14						14						14					
15						15						15					
16						16						16					
17						17						17					
18						18						18					
19						19						19					
20						20						20					
21						21						21					
22						22						22					
23						23						23					

生後　　　カ月

/ （ ）天気	/ （ ）天気	/ （ ）天気	/ （ ）天気

生後　　　日目	生後　　　日目	生後　　　日目	生後　　　日目

授乳　　回　離乳食　　回	授乳　　回　離乳食　　回	授乳　　回　離乳食　　回	授乳　　回　離乳食　　回
おしっこ　回　うんち　回	おしっこ　回　うんち　回	おしっこ　回　うんち　回	おしっこ　回　うんち　回

時刻	授乳	離乳食	おしっこ	うんち	ねんね	時刻	授乳	離乳食	おしっこ	うんち	ねんね	時刻	授乳	離乳食	おしっこ	うんち	ねんね	時刻	授乳	離乳食	おしっこ	うんち	ねんね
0						0						0						0					
1						1						1						1					
2						2						2						2					
3						3						3						3					
4						4						4						4					
5						5						5						5					
6						6						6						6					
7						7						7						7					
8						8						8						8					
9						9						9						9					
10						10						10						10					
11						11						11						11					
12						12						12						12					
13						13						13						13					
14						14						14						14					
15						15						15						15					
16						16						16						16					
17						17						17						17					
18						18						18						18					
19						19						19						19					
20						20						20						20					
21						21						21						21					
22						22						22						22					
23						23						23						23					

/ （ ）	天気	/ （ ）	天気	/ （ ）	天気	NOTE

生後	日目	生後	日目	生後	日目

授乳	回	離乳食	回	授乳	回	離乳食	回	授乳	回	離乳食	回
おしっこ	回	うんち	回	おしっこ	回	うんち	回	おしっこ	回	うんち	回

時刻	授乳	離乳食	おしっこ	うんち	ねんね	時刻	授乳	離乳食	おしっこ	うんち	ねんね	時刻	授乳	離乳食	おしっこ	うんち	ねんね
0						0						0					
1						1						1					
2						2						2					
3						3						3					
4						4						4					
5						5						5					
6						6						6					
7						7						7					
8						8						8					
9						9						9					
10						10						10					
11						11						11					
12						12						12					
13						13						13					
14						14						14					
15						15						15					
16						16						16					
17						17						17					
18						18						18					
19						19						19					
20						20						20					
21						21						21					
22						22						22					
23						23						23					

生後　　　カ月

	天気		天気		天気		天気
／ （ ）		／ （ ）		／ （ ）		／ （ ）	

生後　　　日目	生後　　　日目	生後　　　日目	生後　　　日目

授乳　　回	離乳食　　回	授乳　　回	離乳食　　回	授乳　　回	離乳食　　回	授乳　　回	離乳食　　回
おしっこ　回	うんち　回	おしっこ　回	うんち　回	おしっこ　回	うんち　回	おしっこ　回	うんち　回

時刻	授乳	離乳食	おしっこ	うんち	ねんね	時刻	授乳	離乳食	おしっこ	うんち	ねんね	時刻	授乳	離乳食	おしっこ	うんち	ねんね	時刻	授乳	離乳食	おしっこ	うんち	ねんね
0						0						0						0					
1						1						1						1					
2						2						2						2					
3						3						3						3					
4						4						4						4					
5						5						5						5					
6						6						6						6					
7						7						7						7					
8						8						8						8					
9						9						9						9					
10						10						10						10					
11						11						11						11					
12						12						12						12					
13						13						13						13					
14						14						14						14					
15						15						15						15					
16						16						16						16					
17						17						17						17					
18						18						18						18					
19						19						19						19					
20						20						20						20					
21						21						21						21					
22						22						22						22					
23						23						23						23					

/ ( )	天気	/ ( )	天気	/ ( )	天気	NOTE

生後　　　日目	生後　　　日目	生後　　　日目

授乳	回	離乳食	回	授乳	回	離乳食	回	授乳	回	離乳食	回
おしっこ	回	うんち	回	おしっこ	回	うんち	回	おしっこ	回	うんち	回

時刻	授乳	離乳食	おしっこ	うんち	ねんね	時刻	授乳	離乳食	おしっこ	うんち	ねんね	時刻	授乳	離乳食	おしっこ	うんち	ねんね
0						0						0					
1						1						1					
2						2						2					
3						3						3					
4						4						4					
5						5						5					
6						6						6					
7						7						7					
8						8						8					
9						9						9					
10						10						10					
11						11						11					
12						12						12					
13						13						13					
14						14						14					
15						15						15					
16						16						16					
17						17						17					
18						18						18					
19						19						19					
20						20						20					
21						21						21					
22						22						22					
23						23						23					

生後　　　カ月

		天気			天気			天気			天気
／　（　）			／　（　）			／　（　）			／　（　）		
生後　　　日目			生後　　　日目			生後　　　日目			生後　　　日目		

授乳　　回　離乳食　　回　　おしっこ　回　うんち　回

授乳　　回　離乳食　　回　　おしっこ　回　うんち　回

授乳　　回　離乳食　　回　　おしっこ　回　うんち　回

授乳　　回　離乳食　　回　　おしっこ　回　うんち　回

時刻	授乳	離乳食	おしっこ	うんち	ねんね
0					
1					
2					
3					
4					
5					
6					
7					
8					
9					
10					
11					
12					
13					
14					
15					
16					
17					
18					
19					
20					
21					
22					
23					

	天気			天気			天気		NOTE
／ （ ）			／ （ ）			／ （ ）			

生後　　　日目	生後　　　日目	生後　　　日目	

授乳　　回　離乳食　　回	授乳　　回　離乳食　　回	授乳　　回　離乳食　　回
おしっこ　回　うんち　　回	おしっこ　回　うんち　　回	おしっこ　回　うんち　　回

時刻	授乳	離乳食	おしっこ	うんち	ねんね	時刻	授乳	離乳食	おしっこ	うんち	ねんね	時刻	授乳	離乳食	おしっこ	うんち	ねんね
0						0						0					
1						1						1					
2						2						2					
3						3						3					
4						4						4					
5						5						5					
6						6						6					
7						7						7					
8						8						8					
9						9						9					
10						10						10					
11						11						11					
12						12						12					
13						13						13					
14						14						14					
15						15						15					
16						16						16					
17						17						17					
18						18						18					
19						19						19					
20						20						20					
21						21						21					
22						22						22					
23						23						23					

生後	カ月

Column 1

/	（　）	天気

生後	日目

授乳	回	離乳食	回
おしっこ	回	うんち	回

時刻	授乳	離乳食	おしっこ	うんち	ねんね
0					
1					
2					
3					
4					
5					
6					
7					
8					
9					
10					
11					
12					
13					
14					
15					
16					
17					
18					
19					
20					
21					
22					
23					

Column 2

/	（　）	天気

生後	日目

授乳	回	離乳食	回
おしっこ	回	うんち	回

時刻	授乳	離乳食	おしっこ	うんち	ねんね
0					
1					
2					
3					
4					
5					
6					
7					
8					
9					
10					
11					
12					
13					
14					
15					
16					
17					
18					
19					
20					
21					
22					
23					

Column 3

/	（　）	天気

生後	日目

授乳	回	離乳食	回
おしっこ	回	うんち	回

時刻	授乳	離乳食	おしっこ	うんち	ねんね
0					
1					
2					
3					
4					
5					
6					
7					
8					
9					
10					
11					
12					
13					
14					
15					
16					
17					
18					
19					
20					
21					
22					
23					

Column 4

/	（　）	天気

生後	日目

授乳	回	離乳食	回
おしっこ	回	うんち	回

時刻	授乳	離乳食	おしっこ	うんち	ねんね
0					
1					
2					
3					
4					
5					
6					
7					
8					
9					
10					
11					
12					
13					
14					
15					
16					
17					
18					
19					
20					
21					
22					
23					

／　（　）	天気	／　（　）	天気	／　（　）	天気	**NOTE**

生後　　　　日目	生後　　　　日目	生後　　　　日目

授乳　　回	離乳食　　回	授乳　　回	離乳食　　回	授乳　　回	離乳食　　回
おしっこ　回	うんち　　回	おしっこ　回	うんち　　回	おしっこ　回	うんち　　回

時刻	授乳	離乳食	おしっこ	うんち	ねんね	時刻	授乳	離乳食	おしっこ	うんち	ねんね	時刻	授乳	離乳食	おしっこ	うんち	ねんね
0						0						0					
1						1						1					
2						2						2					
3						3						3					
4						4						4					
5						5						5					
6						6						6					
7						7						7					
8						8						8					
9						9						9					
10						10						10					
11						11						11					
12						12						12					
13						13						13					
14						14						14					
15						15						15					
16						16						16					
17						17						17					
18						18						18					
19						19						19					
20						20						20					
21						21						21					
22						22						22					
23						23						23					

生後　　　カ月

	/ （ ）	天気		/ （ ）	天気		/ （ ）	天気		/ （ ）	天気

生後　　　日目	生後　　　日目	生後　　　日目	生後　　　日目

授乳　　回　離乳食　　回	授乳　　回　離乳食　　回	授乳　　回　離乳食　　回	授乳　　回　離乳食　　回
おしっこ　回　うんち　　回	おしっこ　回　うんち　　回	おしっこ　回　うんち　　回	おしっこ　回　うんち　　回

時刻	授乳	離乳食	おしっこ	うんち	ねんね	時刻	授乳	離乳食	おしっこ	うんち	ねんね	時刻	授乳	離乳食	おしっこ	うんち	ねんね	時刻	授乳	離乳食	おしっこ	うんち	ねんね
0						0						0						0					
1						1						1						1					
2						2						2						2					
3						3						3						3					
4						4						4						4					
5						5						5						5					
6						6						6						6					
7						7						7						7					
8						8						8						8					
9						9						9						9					
10						10						10						10					
11						11						11						11					
12						12						12						12					
13						13						13						13					
14						14						14						14					
15						15						15						15					
16						16						16						16					
17						17						17						17					
18						18						18						18					
19						19						19						19					
20						20						20						20					
21						21						21						21					
22						22						22						22					
23						23						23						23					

| / ( ) | 天気 | | / ( ) | 天気 | | / ( ) | 天気 | NOTE |

生後　　　日目 ／ 生後　　　日目 ／ 生後　　　日目

| 授乳 | 回 | 離乳食 | 回 |
| おしっこ | 回 | うんち | 回 |

時刻	授乳	離乳食	おしっこ	うんち	ねんね
0					
1					
2					
3					
4					
5					
6					
7					
8					
9					
10					
11					
12					
13					
14					
15					
16					
17					
18					
19					
20					
21					
22					
23					

授乳　回　離乳食　回
おしっこ　回　うんち　回

授乳　回　離乳食　回
おしっこ　回　うんち　回

生後　　　カ月

／　（　）	天気	／　（　）	天気	／　（　）	天気	／　（　）	天気

生後　　　日目　　　生後　　　日目　　　生後　　　日目　　　生後　　　日目

授乳　　回	離乳食　　回	授乳　　回	離乳食　　回	授乳　　回	離乳食　　回	授乳　　回	離乳食　　回
おしっこ　回	うんち　回	おしっこ　回	うんち　回	おしっこ　回	うんち　回	おしっこ　回	うんち　回

時刻	授乳	離乳食	おしっこ	うんち	ねんね
0					
1					
2					
3					
4					
5					
6					
7					
8					
9					
10					
11					
12					
13					
14					
15					
16					
17					
18					
19					
20					
21					
22					
23					

(上記の時刻表が横に4列分繰り返されています)

/ ( )	天気	/ ( )	天気	/ ( )	天気	**NOTE**

生後	日目	生後	日目	生後	日目

授乳	回	離乳食	回	授乳	回	離乳食	回	授乳	回	離乳食	回
おしっこ	回	うんち	回	おしっこ	回	うんち	回	おしっこ	回	うんち	回

時刻	授乳	離乳食	おしっこ	うんち	ねんね	時刻	授乳	離乳食	おしっこ	うんち	ねんね	時刻	授乳	離乳食	おしっこ	うんち	ねんね
0						0						0					
1						1						1					
2						2						2					
3						3						3					
4						4						4					
5						5						5					
6						6						6					
7						7						7					
8						8						8					
9						9						9					
10						10						10					
11						11						11					
12						12						12					
13						13						13					
14						14						14					
15						15						15					
16						16						16					
17						17						17					
18						18						18					
19						19						19					
20						20						20					
21						21						21					
22						22						22					
23						23						23					

生後　　　カ月

		天気
／　（　）		

生後　　　日目

授乳	回	離乳食	回
おしっこ	回	うんち	回

時刻	授乳	離乳食	おしっこ	うんち	ねんね
0					
1					
2					
3					
4					
5					
6					
7					
8					
9					
10					
11					
12					
13					
14					
15					
16					
17					
18					
19					
20					
21					
22					
23					

		天気
／　（　）		

生後　　　日目

授乳	回	離乳食	回
おしっこ	回	うんち	回

時刻	授乳	離乳食	おしっこ	うんち	ねんね
0					
1					
2					
3					
4					
5					
6					
7					
8					
9					
10					
11					
12					
13					
14					
15					
16					
17					
18					
19					
20					
21					
22					
23					

		天気
／　（　）		

生後　　　日目

授乳	回	離乳食	回
おしっこ	回	うんち	回

時刻	授乳	離乳食	おしっこ	うんち	ねんね
0					
1					
2					
3					
4					
5					
6					
7					
8					
9					
10					
11					
12					
13					
14					
15					
16					
17					
18					
19					
20					
21					
22					
23					

		天気
／　（　）		

生後　　　日目

授乳	回	離乳食	回
おしっこ	回	うんち	回

時刻	授乳	離乳食	おしっこ	うんち	ねんね
0					
1					
2					
3					
4					
5					
6					
7					
8					
9					
10					
11					
12					
13					
14					
15					
16					
17					
18					
19					
20					
21					
22					
23					

／　（　）	天気
生後　日目	
授乳　回	離乳食　回
おしっこ　回	うんち　回

時刻	授乳 離乳食	おしっこ うんち	ねんね
0			
1			
2			
3			
4			
5			
6			
7			
8			
9			
10			
11			
12			
13			
14			
15			
16			
17			
18			
19			
20			
21			
22			
23			

／　（　）	天気
生後　日目	
授乳　回	離乳食　回
おしっこ　回	うんち　回

時刻	授乳 離乳食	おしっこ うんち	ねんね
0			
1			
2			
3			
4			
5			
6			
7			
8			
9			
10			
11			
12			
13			
14			
15			
16			
17			
18			
19			
20			
21			
22			
23			

／　（　）	天気
生後　日目	
授乳　回	離乳食　回
おしっこ　回	うんち　回

時刻	授乳 離乳食	おしっこ うんち	ねんね
0			
1			
2			
3			
4			
5			
6			
7			
8			
9			
10			
11			
12			
13			
14			
15			
16			
17			
18			
19			
20			
21			
22			
23			

NOTE

生後　　　カ月

Column 1

			天気
／　（　）			

生後　　　日目

授乳　　　回　　離乳食　　　回
おしっこ　　回　　うんち　　　回

時刻	授乳	離乳食	おしっこ / うんち	ねんね
0				
1				
2				
3				
4				
5				
6				
7				
8				
9				
10				
11				
12				
13				
14				
15				
16				
17				
18				
19				
20				
21				
22				
23				

Column 2

			天気
／　（　）			

生後　　　日目

授乳　　　回　　離乳食　　　回
おしっこ　　回　　うんち　　　回

時刻	授乳	離乳食	おしっこ / うんち	ねんね
0				
1				
2				
3				
4				
5				
6				
7				
8				
9				
10				
11				
12				
13				
14				
15				
16				
17				
18				
19				
20				
21				
22				
23				

Column 3

			天気
／　（　）			

生後　　　日目

授乳　　　回　　離乳食　　　回
おしっこ　　回　　うんち　　　回

時刻	授乳	離乳食	おしっこ / うんち	ねんね
0				
1				
2				
3				
4				
5				
6				
7				
8				
9				
10				
11				
12				
13				
14				
15				
16				
17				
18				
19				
20				
21				
22				
23				

Column 4

			天気
／　（　）			

生後　　　日目

授乳　　　回　　離乳食　　　回
おしっこ　　回　　うんち　　　回

時刻	授乳	離乳食	おしっこ / うんち	ねんね
0				
1				
2				
3				
4				
5				
6				
7				
8				
9				
10				
11				
12				
13				
14				
15				
16				
17				
18				
19				
20				
21				
22				
23				

		天気			天気			天気	NOTE
／ ( )			／ ( )			／ ( )			

生後	日目	生後	日目	生後	日目

授乳	回	離乳食	回	授乳	回	離乳食	回	授乳	回	離乳食	回
おしっこ	回	うんち	回	おしっこ	回	うんち	回	おしっこ	回	うんち	回

時刻	授乳	離乳食	おしっこ	うんち	ねんね	時刻	授乳	離乳食	おしっこ	うんち	ねんね	時刻	授乳	離乳食	おしっこ	うんち	ねんね
0						0						0					
1						1						1					
2						2						2					
3						3						3					
4						4						4					
5						5						5					
6						6						6					
7						7						7					
8						8						8					
9						9						9					
10						10						10					
11						11						11					
12						12						12					
13						13						13					
14						14						14					
15						15						15					
16						16						16					
17						17						17					
18						18						18					
19						19						19					
20						20						20					
21						21						21					
22						22						22					
23						23						23					

生後　　　カ月

生後　　　日目					生後　　　日目					生後　　　日目					生後　　　日目				

天気欄：　／　（　）　天気　　｜　／　（　）　天気　　｜　／　（　）　天気　　｜　／　（　）　天気

授乳　回　離乳食　回　　おしっこ　回　うんち　回（各列同じ）

時刻	授乳	離乳食	おしっこ	うんち	ねんね	時刻	授乳	離乳食	おしっこ	うんち	ねんね	時刻	授乳	離乳食	おしっこ	うんち	ねんね	時刻	授乳	離乳食	おしっこ	うんち	ねんね
0						0						0						0					
1						1						1						1					
2						2						2						2					
3						3						3						3					
4						4						4						4					
5						5						5						5					
6						6						6						6					
7						7						7						7					
8						8						8						8					
9						9						9						9					
10						10						10						10					
11						11						11						11					
12						12						12						12					
13						13						13						13					
14						14						14						14					
15						15						15						15					
16						16						16						16					
17						17						17						17					
18						18						18						18					
19						19						19						19					
20						20						20						20					
21						21						21						21					
22						22						22						22					
23						23						23						23					

| ／ （ ） | 天気 | ／ （ ） | 天気 | ／ （ ） | 天気 | NOTE |

| 生後　　　日目 | 生後　　　日目 | 生後　　　日目 |

| 授乳　　回　離乳食　　回 | 授乳　　回　離乳食　　回 | 授乳　　回　離乳食　　回 |
| おしっこ　回　うんち　　回 | おしっこ　回　うんち　　回 | おしっこ　回　うんち　　回 |

時刻	授乳	離乳食	おしっこ	うんち	ねんね	時刻	授乳	離乳食	おしっこ	うんち	ねんね	時刻	授乳	離乳食	おしっこ	うんち	ねんね
0						0						0					
1						1						1					
2						2						2					
3						3						3					
4						4						4					
5						5						5					
6						6						6					
7						7						7					
8						8						8					
9						9						9					
10						10						10					
11						11						11					
12						12						12					
13						13						13					
14						14						14					
15						15						15					
16						16						16					
17						17						17					
18						18						18					
19						19						19					
20						20						20					
21						21						21					
22						22						22					
23						23						23					

生後　　　カ月

/ （ ）	天気	/ （ ）	天気	/ （ ）	天気	/ （ ）	天気

生後　　　日目	生後　　　日目	生後　　　日目	生後　　　日目

授乳　　回　離乳食　　回	授乳　　回　離乳食　　回	授乳　　回　離乳食　　回	授乳　　回　離乳食　　回
おしっこ　回　うんち　回	おしっこ　回　うんち　回	おしっこ　回　うんち　回	おしっこ　回　うんち　回

時刻	授乳	離乳食	おしっこ	うんち	ねんね	時刻	授乳	離乳食	おしっこ	うんち	ねんね	時刻	授乳	離乳食	おしっこ	うんち	ねんね	時刻	授乳	離乳食	おしっこ	うんち	ねんね
0						0						0						0					
1						1						1						1					
2						2						2						2					
3						3						3						3					
4						4						4						4					
5						5						5						5					
6						6						6						6					
7						7						7						7					
8						8						8						8					
9						9						9						9					
10						10						10						10					
11						11						11						11					
12						12						12						12					
13						13						13						13					
14						14						14						14					
15						15						15						15					
16						16						16						16					
17						17						17						17					
18						18						18						18					
19						19						19						19					
20						20						20						20					
21						21						21						21					
22						22						22						22					
23						23						23						23					

NOTE

/ ( )	天気	/ ( )	天気	/ ( )	天気
生後　　日目		生後　　日目		生後　　日目	

授乳	回	離乳食	回	授乳	回	離乳食	回	授乳	回	離乳食	回
おしっこ	回	うんち	回	おしっこ	回	うんち	回	おしっこ	回	うんち	回

時刻	授乳	離乳食	おしっこ	うんち	ねんね	時刻	授乳	離乳食	おしっこ	うんち	ねんね	時刻	授乳	離乳食	おしっこ	うんち	ねんね
0						0						0					
1						1						1					
2						2						2					
3						3						3					
4						4						4					
5						5						5					
6						6						6					
7						7						7					
8						8						8					
9						9						9					
10						10						10					
11						11						11					
12						12						12					
13						13						13					
14						14						14					
15						15						15					
16						16						16					
17						17						17					
18						18						18					
19						19						19					
20						20						20					
21						21						21					
22						22						22					
23						23						23					

生後　　　カ月

天気		天気		天気		天気
／　（　）		／　（　）		／　（　）		／　（　）

生後　　　日目	生後　　　日目	生後　　　日目	生後　　　日目

授乳　　　回　離乳食　　　回　　授乳　　　回　離乳食　　　回　　授乳　　　回　離乳食　　　回　　授乳　　　回　離乳食　　　回

おしっこ　　回　うんち　　　回　　おしっこ　　回　うんち　　　回　　おしっこ　　回　うんち　　　回　　おしっこ　　回　うんち　　　回

時刻	授乳	離乳食	おしっこ	うんち	ねんね	時刻	授乳	離乳食	おしっこ	うんち	ねんね	時刻	授乳	離乳食	おしっこ	うんち	ねんね	時刻	授乳	離乳食	おしっこ	うんち	ねんね
0						0						0						0					
1						1						1						1					
2						2						2						2					
3						3						3						3					
4						4						4						4					
5						5						5						5					
6						6						6						6					
7						7						7						7					
8						8						8						8					
9						9						9						9					
10						10						10						10					
11						11						11						11					
12						12						12						12					
13						13						13						13					
14						14						14						14					
15						15						15						15					
16						16						16						16					
17						17						17						17					
18						18						18						18					
19						19						19						19					
20						20						20						20					
21						21						21						21					
22						22						22						22					
23						23						23						23					

	天気			天気			天気
／ （ ）			／ （ ）			／ （ ）	

生後 日目	生後 日目	生後 日目

授乳 回	離乳食 回	授乳 回	離乳食 回	授乳 回	離乳食 回
おしっこ 回	うんち 回	おしっこ 回	うんち 回	おしっこ 回	うんち 回

時刻	授乳	離乳食	おしっこ	うんち	ねんね	時刻	授乳	離乳食	おしっこ	うんち	ねんね	時刻	授乳	離乳食	おしっこ	うんち	ねんね
0						0						0					
1						1						1					
2						2						2					
3						3						3					
4						4						4					
5						5						5					
6						6						6					
7						7						7					
8						8						8					
9						9						9					
10						10						10					
11						11						11					
12						12						12					
13						13						13					
14						14						14					
15						15						15					
16						16						16					
17						17						17					
18						18						18					
19						19						19					
20						20						20					
21						21						21					
22						22						22					
23						23						23					

NOTE

生後　　　カ月

生後　　　日目	生後　　　日目	生後　　　日目	生後　　　日目
／　（　） 天気	／　（　） 天気	／　（　） 天気	／　（　） 天気

授乳　　回　離乳食　　回　おしっこ　　回　うんち　　回

時刻	授乳	離乳食	おしっこ	うんち	ねんね
0					
1					
2					
3					
4					
5					
6					
7					
8					
9					
10					
11					
12					
13					
14					
15					
16					
17					
18					
19					
20					
21					
22					
23					

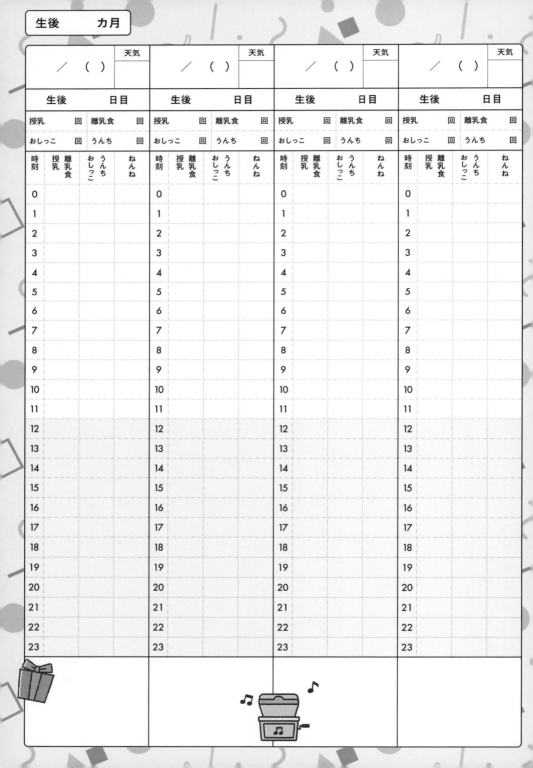

	/ （ ）	天気		/ （ ）	天気		/ （ ）	天気	**NOTE**

生後	日目	生後	日目	生後	日目

授乳	回	離乳食	回	授乳	回	離乳食	回	授乳	回	離乳食	回
おしっこ	回	うんち	回	おしっこ	回	うんち	回	おしっこ	回	うんち	回

時刻	授乳	離乳食	おしっこ	うんち	ねんね	時刻	授乳	離乳食	おしっこ	うんち	ねんね	時刻	授乳	離乳食	おしっこ	うんち	ねんね
0						0						0					
1						1						1					
2						2						2					
3						3						3					
4						4						4					
5						5						5					
6						6						6					
7						7						7					
8						8						8					
9						9						9					
10						10						10					
11						11						11					
12						12						12					
13						13						13					
14						14						14					
15						15						15					
16						16						16					
17						17						17					
18						18						18					
19						19						19					
20						20						20					
21						21						21					
22						22						22					
23						23						23					

生後　　　カ月

／　　（　）	天気	／　　（　）	天気	／　　（　）	天気	／　　（　）	天気
生後　　　日目		生後　　　日目		生後　　　日目		生後　　　日目	

授乳	回	離乳食	回	授乳	回	離乳食	回	授乳	回	離乳食	回	授乳	回	離乳食	回
おしっこ	回	うんち	回	おしっこ	回	うんち	回	おしっこ	回	うんち	回	おしっこ	回	うんち	回

時刻	授乳	離乳食	おしっこ	うんち	ねんね	時刻	授乳	離乳食	おしっこ	うんち	ねんね	時刻	授乳	離乳食	おしっこ	うんち	ねんね	時刻	授乳	離乳食	おしっこ	うんち	ねんね
0						0						0						0					
1						1						1						1					
2						2						2						2					
3						3						3						3					
4						4						4						4					
5						5						5						5					
6						6						6						6					
7						7						7						7					
8						8						8						8					
9						9						9						9					
10						10						10						10					
11						11						11						11					
12						12						12						12					
13						13						13						13					
14						14						14						14					
15						15						15						15					
16						16						16						16					
17						17						17						17					
18						18						18						18					
19						19						19						19					
20						20						20						20					
21						21						21						21					
22						22						22						22					
23						23						23						23					

/ ( )	天気	/ ( )	天気	/ ( )	天気	NOTE

生後 日目	生後 日目	生後 日目

授乳 回 離乳食 回	授乳 回 離乳食 回	授乳 回 離乳食 回
おしっこ 回 うんち 回	おしっこ 回 うんち 回	おしっこ 回 うんち 回

時刻	授乳	離乳食	おしっこ	うんち	ねんね	時刻	授乳	離乳食	おしっこ	うんち	ねんね	時刻	授乳	離乳食	おしっこ	うんち	ねんね
0						0						0					
1						1						1					
2						2						2					
3						3						3					
4						4						4					
5						5						5					
6						6						6					
7						7						7					
8						8						8					
9						9						9					
10						10						10					
11						11						11					
12						12						12					
13						13						13					
14						14						14					
15						15						15					
16						16						16					
17						17						17					
18						18						18					
19						19						19					
20						20						20					
21						21						21					
22						22						22					
23						23						23					

生後　　　カ月

／　（　）	天気	／　（　）	天気	／　（　）	天気	／　（　）	天気

生後　　　日目	生後　　　日目	生後　　　日目	生後　　　日目

授乳　　回　離乳食　　回　おしっこ　　回　うんち　　回
授乳　　回　離乳食　　回　おしっこ　　回　うんち　　回
授乳　　回　離乳食　　回　おしっこ　　回　うんち　　回
授乳　　回　離乳食　　回　おしっこ　　回　うんち　　回

時刻	授乳	離乳食	おしっこ	うんち	ねんね	時刻	授乳	離乳食	おしっこ	うんち	ねんね	時刻	授乳	離乳食	おしっこ	うんち	ねんね	時刻	授乳	離乳食	おしっこ	うんち	ねんね
0						0						0						0					
1						1						1						1					
2						2						2						2					
3						3						3						3					
4						4						4						4					
5						5						5						5					
6						6						6						6					
7						7						7						7					
8						8						8						8					
9						9						9						9					
10						10						10						10					
11						11						11						11					
12						12						12						12					
13						13						13						13					
14						14						14						14					
15						15						15						15					
16						16						16						16					
17						17						17						17					
18						18						18						18					
19						19						19						19					
20						20						20						20					
21						21						21						21					
22						22						22						22					
23						23						23						23					

/ （ ）	天気

| 生後 日目 |

授乳	回	離乳食	回
おしっこ	回	うんち	回

時刻	授乳	離乳食	おしっこ	うんち	ねんね
0					
1					
2					
3					
4					
5					
6					
7					
8					
9					
10					
11					
12					
13					
14					
15					
16					
17					
18					
19					
20					
21					
22					
23					

/ （ ）	天気

| 生後 日目 |

授乳	回	離乳食	回
おしっこ	回	うんち	回

時刻	授乳	離乳食	おしっこ	うんち	ねんね
0					
1					
2					
3					
4					
5					
6					
7					
8					
9					
10					
11					
12					
13					
14					
15					
16					
17					
18					
19					
20					
21					
22					
23					

/ （ ）	天気

| 生後 日目 |

授乳	回	離乳食	回
おしっこ	回	うんち	回

時刻	授乳	離乳食	おしっこ	うんち	ねんね
0					
1					
2					
3					
4					
5					
6					
7					
8					
9					
10					
11					
12					
13					
14					
15					
16					
17					
18					
19					
20					
21					
22					
23					

NOTE

		天気			天気			天気			天気
／ （ ）			／ （ ）			／ （ ）			／ （ ）		

生後　　　日目	生後　　　日目	生後　　　日目	生後　　　日目
授乳　　回　離乳食　　回	授乳　　回　離乳食　　回	授乳　　回　離乳食　　回	授乳　　回　離乳食　　回
おしっこ　回　うんち　回	おしっこ　回　うんち　回	おしっこ　回　うんち　回	おしっこ　回　うんち　回

時刻	授乳	離乳食	おしっこ	うんち	ねんね	時刻	授乳	離乳食	おしっこ	うんち	ねんね	時刻	授乳	離乳食	おしっこ	うんち	ねんね	時刻	授乳	離乳食	おしっこ	うんち	ねんね
0						0						0						0					
1						1						1						1					
2						2						2						2					
3						3						3						3					
4						4						4						4					
5						5						5						5					
6						6						6						6					
7						7						7						7					
8						8						8						8					
9						9						9						9					
10						10						10						10					
11						11						11						11					
12						12						12						12					
13						13						13						13					
14						14						14						14					
15						15						15						15					
16						16						16						16					
17						17						17						17					
18						18						18						18					
19						19						19						19					
20						20						20						20					
21						21						21						21					
22						22						22						22					
23						23						23						23					

/　（　）	天気

生後　　　日目

授乳　　回　　離乳食　　回
おしっこ　回　　うんち　　回

時刻	授乳	離乳食	おしっこ	うんち	ねんね
0					
1					
2					
3					
4					
5					
6					
7					
8					
9					
10					
11					
12					
13					
14					
15					
16					
17					
18					
19					
20					
21					
22					
23					

/　（　）	天気

生後　　　日目

授乳　　回　　離乳食　　回
おしっこ　回　　うんち　　回

時刻	授乳	離乳食	おしっこ	うんち	ねんね
0					
1					
2					
3					
4					
5					
6					
7					
8					
9					
10					
11					
12					
13					
14					
15					
16					
17					
18					
19					
20					
21					
22					
23					

/　（　）	天気

生後　　　日目

授乳　　回　　離乳食　　回
おしっこ　回　　うんち　　回

時刻	授乳	離乳食	おしっこ	うんち	ねんね
0					
1					
2					
3					
4					
5					
6					
7					
8					
9					
10					
11					
12					
13					
14					
15					
16					
17					
18					
19					
20					
21					
22					
23					

NOTE

生後 　　　カ月

		天気			天気			天気			天気
／ ( )			／ ( )			／ ( )			／ ( )		

生後 　　　日目	生後 　　　日目	生後 　　　日目	生後 　　　日目

授乳 回	離乳食 回	授乳 回	離乳食 回	授乳 回	離乳食 回	授乳 回	離乳食 回
おしっこ 回	うんち 回	おしっこ 回	うんち 回	おしっこ 回	うんち 回	おしっこ 回	うんち 回

時刻	授乳	離乳食	おしっこ	うんち	ねんね	時刻	授乳	離乳食	おしっこ	うんち	ねんね	時刻	授乳	離乳食	おしっこ	うんち	ねんね	時刻	授乳	離乳食	おしっこ	うんち	ねんね
0						0						0						0					
1						1						1						1					
2						2						2						2					
3						3						3						3					
4						4						4						4					
5						5						5						5					
6						6						6						6					
7						7						7						7					
8						8						8						8					
9						9						9						9					
10						10						10						10					
11						11						11						11					
12						12						12						12					
13						13						13						13					
14						14						14						14					
15						15						15						15					
16						16						16						16					
17						17						17						17					
18						18						18						18					
19						19						19						19					
20						20						20						20					
21						21						21						21					
22						22						22						22					
23						23						23						23					

| / （ ） | 天気 | / （ ） | 天気 | / （ ） | 天気 | **NOTE** |

生後　　　日目　　　生後　　　日目　　　生後　　　日目

| 授乳 | 回 | 離乳食 | 回 |
| おしっこ | 回 | うんち | 回 |

| 授乳 | 回 | 離乳食 | 回 |
| おしっこ | 回 | うんち | 回 |

| 授乳 | 回 | 離乳食 | 回 |
| おしっこ | 回 | うんち | 回 |

時刻	授乳	離乳食	おしっこ	うんち	ねんね	時刻	授乳	離乳食	おしっこ	うんち	ねんね	時刻	授乳	離乳食	おしっこ	うんち	ねんね
0						0						0					
1						1						1					
2						2						2					
3						3						3					
4						4						4					
5						5						5					
6						6						6					
7						7						7					
8						8						8					
9						9						9					
10						10						10					
11						11						11					
12						12						12					
13						13						13					
14						14						14					
15						15						15					
16						16						16					
17						17						17					
18						18						18					
19						19						19					
20						20						20					
21						21						21					
22						22						22					
23						23						23					

生後　　　カ月

	天気			天気			天気			天気
／　（　）		／　（　）		／　（　）		／　（　）				

生後　　　日目	生後　　　日目	生後　　　日目	生後　　　日目

授乳　回	離乳食　回	授乳　回	離乳食　回	授乳　回	離乳食　回	授乳　回	離乳食　回
おしっこ　回	うんち　回	おしっこ　回	うんち　回	おしっこ　回	うんち　回	おしっこ　回	うんち　回

時刻	授乳	離乳食	おしっこ	うんち	ねんね	時刻	授乳	離乳食	おしっこ	うんち	ねんね	時刻	授乳	離乳食	おしっこ	うんち	ねんね	時刻	授乳	離乳食	おしっこ	うんち	ねんね
0						0						0						0					
1						1						1						1					
2						2						2						2					
3						3						3						3					
4						4						4						4					
5						5						5						5					
6						6						6						6					
7						7						7						7					
8						8						8						8					
9						9						9						9					
10						10						10						10					
11						11						11						11					
12						12						12						12					
13						13						13						13					
14						14						14						14					
15						15						15						15					
16						16						16						16					
17						17						17						17					
18						18						18						18					
19						19						19						19					
20						20						20						20					
21						21						21						21					
22						22						22						22					
23						23						23						23					

	天気			天気			天気
／　（　）		／　（　）		／　（　）	

生後　　　日目	生後　　　日目	生後　　　日目	**NOTE**

授乳　　回　離乳食　　回　　授乳　　回　離乳食　　回　　授乳　　回　離乳食　　回

おしっこ　回　うんち　　回　　おしっこ　回　うんち　　回　　おしっこ　回　うんち　　回

時刻	授乳	離乳食	おしっこ	うんち	ねんね	時刻	授乳	離乳食	おしっこ	うんち	ねんね	時刻	授乳	離乳食	おしっこ	うんち	ねんね
0						0						0					
1						1						1					
2						2						2					
3						3						3					
4						4						4					
5						5						5					
6						6						6					
7						7						7					
8						8						8					
9						9						9					
10						10						10					
11						11						11					
12						12						12					
13						13						13					
14						14						14					
15						15						15					
16						16						16					
17						17						17					
18						18						18					
19						19						19					
20						20						20					
21						21						21					
22						22						22					
23						23						23					

生後　　　　カ月

／　（　）	天気	／　（　）	天気	／　（　）	天気	／　（　）	天気

生後　　　　日目	生後　　　　日目	生後　　　　日目	生後　　　　日目

授乳　　　回　離乳食　　　回	授乳　　　回　離乳食　　　回	授乳　　　回　離乳食　　　回	授乳　　　回　離乳食　　　回
おしっこ　　回　うんち　　　回	おしっこ　　回　うんち　　　回	おしっこ　　回　うんち　　　回	おしっこ　　回　うんち　　　回

時刻	授乳	離乳食	おしっこ	うんち	ねんね	時刻	授乳	離乳食	おしっこ	うんち	ねんね	時刻	授乳	離乳食	おしっこ	うんち	ねんね	時刻	授乳	離乳食	おしっこ	うんち	ねんね
0						0						0						0					
1						1						1						1					
2						2						2						2					
3						3						3						3					
4						4						4						4					
5						5						5						5					
6						6						6						6					
7						7						7						7					
8						8						8						8					
9						9						9						9					
10						10						10						10					
11						11						11						11					
12						12						12						12					
13						13						13						13					
14						14						14						14					
15						15						15						15					
16						16						16						16					
17						17						17						17					
18						18						18						18					
19						19						19						19					
20						20						20						20					
21						21						21						21					
22						22						22						22					
23						23						23						23					

／ （ ）	天気	／ （ ）	天気	／ （ ）	天気	NOTE

生後 日目	生後 日目	生後 日目

授乳 回	離乳食 回	授乳 回	離乳食 回	授乳 回	離乳食 回
おしっこ 回	うんち 回	おしっこ 回	うんち 回	おしっこ 回	うんち 回

時刻	授乳	離乳食	おしっこ	うんち	ねんね	時刻	授乳	離乳食	おしっこ	うんち	ねんね	時刻	授乳	離乳食	おしっこ	うんち	ねんね
0						0						0					
1						1						1					
2						2						2					
3						3						3					
4						4						4					
5						5						5					
6						6						6					
7						7						7					
8						8						8					
9						9						9					
10						10						10					
11						11						11					
12						12						12					
13						13						13					
14						14						14					
15						15						15					
16						16						16					
17						17						17					
18						18						18					
19						19						19					
20						20						20					
21						21						21					
22						22						22					
23						23						23					

生後　　　カ月

/　　（　）	天気	/　　（　）	天気	/　　（　）	天気	/　　（　）	天気
生後　　　日目		生後　　　日目		生後　　　日目		生後　　　日目	

授乳	回	離乳食	回	授乳	回	離乳食	回	授乳	回	離乳食	回	授乳	回	離乳食	回
おしっこ	回	うんち	回	おしっこ	回	うんち	回	おしっこ	回	うんち	回	おしっこ	回	うんち	回

時刻	授乳	離乳食	おしっこ	うんち	ねんね	時刻	授乳	離乳食	おしっこ	うんち	ねんね	時刻	授乳	離乳食	おしっこ	うんち	ねんね	時刻	授乳	離乳食	おしっこ	うんち	ねんね
0						0						0						0					
1						1						1						1					
2						2						2						2					
3						3						3						3					
4						4						4						4					
5						5						5						5					
6						6						6						6					
7						7						7						7					
8						8						8						8					
9						9						9						9					
10						10						10						10					
11						11						11						11					
12						12						12						12					
13						13						13						13					
14						14						14						14					
15						15						15						15					
16						16						16						16					
17						17						17						17					
18						18						18						18					
19						19						19						19					
20						20						20						20					
21						21						21						21					
22						22						22						22					
23						23						23						23					

/ ( )	天気		/ ( )	天気		/ ( )	天気		**NOTE**

生後	日目		生後	日目		生後	日目

授乳	回	離乳食	回
おしっこ	回	うんち	回

授乳	回	離乳食	回
おしっこ	回	うんち	回

授乳	回	離乳食	回
おしっこ	回	うんち	回

時刻	授乳	離乳食	おしっこ	うんち	ねんね
0					
1					
2					
3					
4					
5					
6					
7					
8					
9					
10					
11					
12					
13					
14					
15					
16					
17					
18					
19					
20					
21					
22					
23					

時刻	授乳	離乳食	おしっこ	うんち	ねんね
0					
1					
2					
3					
4					
5					
6					
7					
8					
9					
10					
11					
12					
13					
14					
15					
16					
17					
18					
19					
20					
21					
22					
23					

時刻	授乳	離乳食	おしっこ	うんち	ねんね
0					
1					
2					
3					
4					
5					
6					
7					
8					
9					
10					
11					
12					
13					
14					
15					
16					
17					
18					
19					
20					
21					
22					
23					

生後　　　カ月

	天気		天気		天気		天気
／　（　）		／　（　）		／　（　）		／　（　）	

生後　　　日目	生後　　　日目	生後　　　日目	生後　　　日目

授乳　　回　離乳食　　回	授乳　　回　離乳食　　回	授乳　　回　離乳食　　回	授乳　　回　離乳食　　回
おしっこ　回　うんち　　回	おしっこ　回　うんち　　回	おしっこ　回　うんち　　回	おしっこ　回　うんち　　回

時刻	授乳	離乳食	おしっこ	うんち	ねんね	時刻	授乳	離乳食	おしっこ	うんち	ねんね	時刻	授乳	離乳食	おしっこ	うんち	ねんね	時刻	授乳	離乳食	おしっこ	うんち	ねんね
0						0						0						0					
1						1						1						1					
2						2						2						2					
3						3						3						3					
4						4						4						4					
5						5						5						5					
6						6						6						6					
7						7						7						7					
8						8						8						8					
9						9						9						9					
10						10						10						10					
11						11						11						11					
12						12						12						12					
13						13						13						13					
14						14						14						14					
15						15						15						15					
16						16						16						16					
17						17						17						17					
18						18						18						18					
19						19						19						19					
20						20						20						20					
21						21						21						21					
22						22						22						22					
23						23						23						23					

	/ （ ）	天気		/ （ ）	天気		/ （ ）	天気	NOTE

生後　　　　日目	生後　　　　日目	生後　　　　日目

授乳　　回　離乳食　　回	授乳　　回　離乳食　　回	授乳　　回　離乳食　　回
おしっこ　回　うんち　　回	おしっこ　回　うんち　　回	おしっこ　回　うんち　　回

時刻	授乳	離乳食	おしっこ	うんち	ねんね
0					
1					
2					
3					
4					
5					
6					
7					
8					
9					
10					
11					
12					
13					
14					
15					
16					
17					
18					
19					
20					
21					
22					
23					

生後　　　カ月

／　　（　） 天気	／　　（　） 天気	／　　（　） 天気	／　　（　） 天気
生後　　　日目	生後　　　日目	生後　　　日目	生後　　　日目

授乳 回　離乳食 回 おしっこ 回　うんち 回	授乳 回　離乳食 回 おしっこ 回　うんち 回	授乳 回　離乳食 回 おしっこ 回　うんち 回	授乳 回　離乳食 回 おしっこ 回　うんち 回

各列の時刻表：

時刻	授乳	離乳食	おしっこ	うんち	ねんね
0					
1					
2					
3					
4					
5					
6					
7					
8					
9					
10					
11					
12					
13					
14					
15					
16					
17					
18					
19					
20					
21					
22					
23					

/ （ ）	天気	/ （ ）	天気	/ （ ）	天気	**NOTE**

生後　　　　日目	生後　　　　日目	生後　　　　日目

授乳　　　回　離乳食　　　回	授乳　　　回　離乳食　　　回	授乳　　　回　離乳食　　　回
おしっこ　　回　うんち　　　回	おしっこ　　回　うんち　　　回	おしっこ　　回　うんち　　　回

時刻	授乳	離乳食	おしっこ	うんち	ねんね	時刻	授乳	離乳食	おしっこ	うんち	ねんね	時刻	授乳	離乳食	おしっこ	うんち	ねんね
0						0						0					
1						1						1					
2						2						2					
3						3						3					
4						4						4					
5						5						5					
6						6						6					
7						7						7					
8						8						8					
9						9						9					
10						10						10					
11						11						11					
12						12						12					
13						13						13					
14						14						14					
15						15						15					
16						16						16					
17						17						17					
18						18						18					
19						19						19					
20						20						20					
21						21						21					
22						22						22					
23						23						23					

生後　　　カ月

／　　（　）	天気	／　　（　）	天気	／　　（　）	天気	／　　（　）	天気

生後　　　　日目	生後　　　　日目	生後　　　　日目	生後　　　　日目

授乳　　回	離乳食　　回	授乳　　回	離乳食　　回	授乳　　回	離乳食　　回	授乳　　回	離乳食　　回
おしっこ　回	うんち　　回	おしっこ　回	うんち　　回	おしっこ　回	うんち　　回	おしっこ　回	うんち　　回

時刻	授乳	離乳食	おしっこ	うんち	ねんね	時刻	授乳	離乳食	おしっこ	うんち	ねんね	時刻	授乳	離乳食	おしっこ	うんち	ねんね	時刻	授乳	離乳食	おしっこ	うんち	ねんね
0						0						0						0					
1						1						1						1					
2						2						2						2					
3						3						3						3					
4						4						4						4					
5						5						5						5					
6						6						6						6					
7						7						7						7					
8						8						8						8					
9						9						9						9					
10						10						10						10					
11						11						11						11					
12						12						12						12					
13						13						13						13					
14						14						14						14					
15						15						15						15					
16						16						16						16					
17						17						17						17					
18						18						18						18					
19						19						19						19					
20						20						20						20					
21						21						21						21					
22						22						22						22					
23						23						23						23					

／　（　）	天気

生後　　　　日目

授乳	回	離乳食	回
おしっこ	回	うんち	回

時刻	授乳	離乳食	おしっこ	うんち	ねんね
0					
1					
2					
3					
4					
5					
6					
7					
8					
9					
10					
11					
12					
13					
14					
15					
16					
17					
18					
19					
20					
21					
22					
23					

／　（　）	天気

生後　　　　日目

授乳	回	離乳食	回
おしっこ	回	うんち	回

時刻	授乳	離乳食	おしっこ	うんち	ねんね
0					
1					
2					
3					
4					
5					
6					
7					
8					
9					
10					
11					
12					
13					
14					
15					
16					
17					
18					
19					
20					
21					
22					
23					

／　（　）	天気

生後　　　　日目

授乳	回	離乳食	回
おしっこ	回	うんち	回

時刻	授乳	離乳食	おしっこ	うんち	ねんね
0					
1					
2					
3					
4					
5					
6					
7					
8					
9					
10					
11					
12					
13					
14					
15					
16					
17					
18					
19					
20					
21					
22					
23					

NOTE

生後　　　カ月

| ／ （ ） | 天気 | ／ （ ） | 天気 | ／ （ ） | 天気 | ／ （ ） | 天気 |

生後　　　　日目	生後　　　　日目	生後　　　　日目	生後　　　　日目
授乳　　回　離乳食　　回	授乳　　回　離乳食　　回	授乳　　回　離乳食　　回	授乳　　回　離乳食　　回
おしっこ　回　うんち　回	おしっこ　回　うんち　回	おしっこ　回　うんち　回	おしっこ　回　うんち　回

時刻	授乳	離乳食	おしっこ	うんち	ねんね	時刻	授乳	離乳食	おしっこ	うんち	ねんね	時刻	授乳	離乳食	おしっこ	うんち	ねんね	時刻	授乳	離乳食	おしっこ	うんち	ねんね
0						0						0						0					
1						1						1						1					
2						2						2						2					
3						3						3						3					
4						4						4						4					
5						5						5						5					
6						6						6						6					
7						7						7						7					
8						8						8						8					
9						9						9						9					
10						10						10						10					
11						11						11						11					
12						12						12						12					
13						13						13						13					
14						14						14						14					
15						15						15						15					
16						16						16						16					
17						17						17						17					
18						18						18						18					
19						19						19						19					
20						20						20						20					
21						21						21						21					
22						22						22						22					
23						23						23						23					

/ （ ）	天気

生後　　　日目

授乳	回	離乳食	回
おしっこ	回	うんち	回

時刻	授乳	離乳食	おしっこ	うんち	ねんね
0					
1					
2					
3					
4					
5					
6					
7					
8					
9					
10					
11					
12					
13					
14					
15					
16					
17					
18					
19					
20					
21					
22					
23					

/ （ ）	天気

生後　　　日目

授乳	回	離乳食	回
おしっこ	回	うんち	回

時刻	授乳	離乳食	おしっこ	うんち	ねんね
0					
1					
2					
3					
4					
5					
6					
7					
8					
9					
10					
11					
12					
13					
14					
15					
16					
17					
18					
19					
20					
21					
22					
23					

/ （ ）	天気

生後　　　日目

授乳	回	離乳食	回
おしっこ	回	うんち	回

時刻	授乳	離乳食	おしっこ	うんち	ねんね
0					
1					
2					
3					
4					
5					
6					
7					
8					
9					
10					
11					
12					
13					
14					
15					
16					
17					
18					
19					
20					
21					
22					
23					

NOTE

生後　　　カ月

／　（　）	天気	／　（　）	天気	／　（　）	天気	／　（　）	天気

生後　　　日目	生後　　　日目	生後　　　日目	生後　　　日目

授乳　　回　離乳食　　回	授乳　　回　離乳食　　回	授乳　　回　離乳食　　回	授乳　　回　離乳食　　回
おしっこ　回　うんち　回	おしっこ　回　うんち　回	おしっこ　回　うんち　回	おしっこ　回　うんち　回

時刻	授乳	離乳食	おしっこ	うんち	ねんね	時刻	授乳	離乳食	おしっこ	うんち	ねんね	時刻	授乳	離乳食	おしっこ	うんち	ねんね	時刻	授乳	離乳食	おしっこ	うんち	ねんね
0						0						0						0					
1						1						1						1					
2						2						2						2					
3						3						3						3					
4						4						4						4					
5						5						5						5					
6						6						6						6					
7						7						7						7					
8						8						8						8					
9						9						9						9					
10						10						10						10					
11						11						11						11					
12						12						12						12					
13						13						13						13					
14						14						14						14					
15						15						15						15					
16						16						16						16					
17						17						17						17					
18						18						18						18					
19						19						19						19					
20						20						20						20					
21						21						21						21					
22						22						22						22					
23						23						23						23					

/ ( )	天気		/ ( )	天気		/ ( )	天気	NOTE

生後　　　日目	生後　　　日目	生後　　　日目
授乳　　回　離乳食　　回	授乳　　回　離乳食　　回	授乳　　回　離乳食　　回
おしっこ　回　うんち　　回	おしっこ　回　うんち　　回	おしっこ　回　うんち　　回

時刻	授乳	離乳食	おしっこ	うんち	ねんね	時刻	授乳	離乳食	おしっこ	うんち	ねんね	時刻	授乳	離乳食	おしっこ	うんち	ねんね
0						0						0					
1						1						1					
2						2						2					
3						3						3					
4						4						4					
5						5						5					
6						6						6					
7						7						7					
8						8						8					
9						9						9					
10						10						10					
11						11						11					
12						12						12					
13						13						13					
14						14						14					
15						15						15					
16						16						16					
17						17						17					
18						18						18					
19						19						19					
20						20						20					
21						21						21					
22						22						22					
23						23						23					

生後	カ月

/ （ ）	天気	/ （ ）	天気	/ （ ）	天気	/ （ ）	天気

生後 日目	生後 日目	生後 日目	生後 日目

授乳 回	離乳食 回	授乳 回	離乳食 回	授乳 回	離乳食 回	授乳 回	離乳食 回
おしっこ 回	うんち 回	おしっこ 回	うんち 回	おしっこ 回	うんち 回	おしっこ 回	うんち 回

時刻	授乳	離乳食	おしっこ	うんち	ねんね	時刻	授乳	離乳食	おしっこ	うんち	ねんね	時刻	授乳	離乳食	おしっこ	うんち	ねんね	時刻	授乳	離乳食	おしっこ	うんち	ねんね
0						0						0						0					
1						1						1						1					
2						2						2						2					
3						3						3						3					
4						4						4						4					
5						5						5						5					
6						6						6						6					
7						7						7						7					
8						8						8						8					
9						9						9						9					
10						10						10						10					
11						11						11						11					
12						12						12						12					
13						13						13						13					
14						14						14						14					
15						15						15						15					
16						16						16						16					
17						17						17						17					
18						18						18						18					
19						19						19						19					
20						20						20						20					
21						21						21						21					
22						22						22						22					
23						23						23						23					

／　（　）	天気		／　（　）	天気		／　（　）	天気

生後	日目		生後	日目		生後	日目

| 授乳　　回 | 離乳食　　回 | | 授乳　　回 | 離乳食　　回 | | 授乳　　回 | 離乳食　　回 |
| おしっこ　回 | うんち　　回 | | おしっこ　回 | うんち　　回 | | おしっこ　回 | うんち　　回 |

時刻	授乳	離乳食	おしっこ	うんち	ねんね	時刻	授乳	離乳食	おしっこ	うんち	ねんね	時刻	授乳	離乳食	おしっこ	うんち	ねんね
0						0						0					
1						1						1					
2						2						2					
3						3						3					
4						4						4					
5						5						5					
6						6						6					
7						7						7					
8						8						8					
9						9						9					
10						10						10					
11						11						11					
12						12						12					
13						13						13					
14						14						14					
15						15						15					
16						16						16					
17						17						17					
18						18						18					
19						19						19					
20						20						20					
21						21						21					
22						22						22					
23						23						23					

生後　　　カ月

/　　（　）	天気	/　　（　）	天気	/　　（　）	天気	/　　（　）	天気

生後　　　日目	生後　　　日目	生後　　　日目	生後　　　日目

授乳　　回	離乳食　　回	授乳　　回	離乳食　　回	授乳　　回	離乳食　　回	授乳　　回	離乳食　　回
おしっこ　回	うんち　　回	おしっこ　回	うんち　　回	おしっこ　回	うんち　　回	おしっこ　回	うんち　　回

時刻	授乳	離乳食	おしっこ	うんち	ねんね	時刻	授乳	離乳食	おしっこ	うんち	ねんね	時刻	授乳	離乳食	おしっこ	うんち	ねんね	時刻	授乳	離乳食	おしっこ	うんち	ねんね
0						0						0						0					
1						1						1						1					
2						2						2						2					
3						3						3						3					
4						4						4						4					
5						5						5						5					
6						6						6						6					
7						7						7						7					
8						8						8						8					
9						9						9						9					
10						10						10						10					
11						11						11						11					
12						12						12						12					
13						13						13						13					
14						14						14						14					
15						15						15						15					
16						16						16						16					
17						17						17						17					
18						18						18						18					
19						19						19						19					
20						20						20						20					
21						21						21						21					
22						22						22						22					
23						23						23						23					

/ ( )	天気		/ ( )	天気		/ ( )	天気	NOTE

生後　　　日目	生後　　　日目	生後　　　日目

授乳　　回　離乳食　　回　　授乳　　回　離乳食　　回　　授乳　　回　離乳食　　回

おしっこ　　回　うんち　　回　　おしっこ　　回　うんち　　回　　おしっこ　　回　うんち　　回

時刻	授乳	離乳食	おしっこ	うんち	ねんね	時刻	授乳	離乳食	おしっこ	うんち	ねんね	時刻	授乳	離乳食	おしっこ	うんち	ねんね
0						0						0					
1						1						1					
2						2						2					
3						3						3					
4						4						4					
5						5						5					
6						6						6					
7						7						7					
8						8						8					
9						9						9					
10						10						10					
11						11						11					
12						12						12					
13						13						13					
14						14						14					
15						15						15					
16						16						16					
17						17						17					
18						18						18					
19						19						19					
20						20						20					
21						21						21					
22						22						22					
23						23						23					

生後　　　カ月

		天気				天気				天気				天気
／ （ ）			／ （ ）			／ （ ）			／ （ ）		

生後　　　日目	生後　　　日目	生後　　　日目	生後　　　日目

授乳　　回	離乳食　　回	授乳　　回	離乳食　　回	授乳　　回	離乳食　　回	授乳　　回	離乳食　　回
おしっこ　回	うんち　　回	おしっこ　回	うんち　　回	おしっこ　回	うんち　　回	おしっこ　回	うんち　　回

時刻	授乳	離乳食	おしっこ	うんち	ねんね	時刻	授乳	離乳食	おしっこ	うんち	ねんね	時刻	授乳	離乳食	おしっこ	うんち	ねんね	時刻	授乳	離乳食	おしっこ	うんち	ねんね
0						0						0						0					
1						1						1						1					
2						2						2						2					
3						3						3						3					
4						4						4						4					
5						5						5						5					
6						6						6						6					
7						7						7						7					
8						8						8						8					
9						9						9						9					
10						10						10						10					
11						11						11						11					
12						12						12						12					
13						13						13						13					
14						14						14						14					
15						15						15						15					
16						16						16						16					
17						17						17						17					
18						18						18						18					
19						19						19						19					
20						20						20						20					
21						21						21						21					
22						22						22						22					
23						23						23						23					

/ （ ）	天気	/ （ ）	天気	/ （ ）	天気	**NOTE**

生後 日目	生後 日目	生後 日目

授乳 回 離乳食 回	授乳 回 離乳食 回	授乳 回 離乳食 回
おしっこ 回 うんち 回	おしっこ 回 うんち 回	おしっこ 回 うんち 回

時刻	授乳	離乳食	おしっこ	うんち	ねんね	時刻	授乳	離乳食	おしっこ	うんち	ねんね	時刻	授乳	離乳食	おしっこ	うんち	ねんね
0						0						0					
1						1						1					
2						2						2					
3						3						3					
4						4						4					
5						5						5					
6						6						6					
7						7						7					
8						8						8					
9						9						9					
10						10						10					
11						11						11					
12						12						12					
13						13						13					
14						14						14					
15						15						15					
16						16						16					
17						17						17					
18						18						18					
19						19						19					
20						20						20					
21						21						21					
22						22						22					
23						23						23					

生後　　　カ月

		天気	
／　（　）			

生後		日目

授乳	回	離乳食	回
おしっこ	回	うんち	回

時刻	授乳	離乳食	おしっこ	うんち	ねんね
0					
1					
2					
3					
4					
5					
6					
7					
8					
9					
10					
11					
12					
13					
14					
15					
16					
17					
18					
19					
20					
21					
22					
23					

		天気	
／　（　）			

生後		日目

授乳	回	離乳食	回
おしっこ	回	うんち	回

時刻	授乳	離乳食	おしっこ	うんち	ねんね
0					
1					
2					
3					
4					
5					
6					
7					
8					
9					
10					
11					
12					
13					
14					
15					
16					
17					
18					
19					
20					
21					
22					
23					

		天気	
／　（　）			

生後		日目

授乳	回	離乳食	回
おしっこ	回	うんち	回

時刻	授乳	離乳食	おしっこ	うんち	ねんね
0					
1					
2					
3					
4					
5					
6					
7					
8					
9					
10					
11					
12					
13					
14					
15					
16					
17					
18					
19					
20					
21					
22					
23					

		天気	
／　（　）			

生後		日目

授乳	回	離乳食	回
おしっこ	回	うんち	回

時刻	授乳	離乳食	おしっこ	うんち	ねんね
0					
1					
2					
3					
4					
5					
6					
7					
8					
9					
10					
11					
12					
13					
14					
15					
16					
17					
18					
19					
20					
21					
22					
23					

NOTE

/ （ ）	天気

生後　　　　日目

授乳	回	離乳食	回
おしっこ	回	うんち	回

時刻	授乳	離乳食	おしっこ	うんち	ねんね
0					
1					
2					
3					
4					
5					
6					
7					
8					
9					
10					
11					
12					
13					
14					
15					
16					
17					
18					
19					
20					
21					
22					
23					

/ （ ）	天気

生後　　　　日目

授乳	回	離乳食	回
おしっこ	回	うんち	回

時刻	授乳	離乳食	おしっこ	うんち	ねんね
0					
1					
2					
3					
4					
5					
6					
7					
8					
9					
10					
11					
12					
13					
14					
15					
16					
17					
18					
19					
20					
21					
22					
23					

/ （ ）	天気

生後　　　　日目

授乳	回	離乳食	回
おしっこ	回	うんち	回

時刻	授乳	離乳食	おしっこ	うんち	ねんね
0					
1					
2					
3					
4					
5					
6					
7					
8					
9					
10					
11					
12					
13					
14					
15					
16					
17					
18					
19					
20					
21					
22					
23					

生後　　　カ月

／　（　）	天気	／　（　）	天気	／　（　）	天気	／　（　）	天気
生後　　　日目		生後　　　日目		生後　　　日目		生後　　　日目	

授乳	回	離乳食	回	授乳	回	離乳食	回	授乳	回	離乳食	回	授乳	回	離乳食	回
おしっこ	回	うんち	回	おしっこ	回	うんち	回	おしっこ	回	うんち	回	おしっこ	回	うんち	回

時刻	授乳	離乳食	おしっこ	うんち	ねんね	時刻	授乳	離乳食	おしっこ	うんち	ねんね	時刻	授乳	離乳食	おしっこ	うんち	ねんね	時刻	授乳	離乳食	おしっこ	うんち	ねんね
0						0						0						0					
1						1						1						1					
2						2						2						2					
3						3						3						3					
4						4						4						4					
5						5						5						5					
6						6						6						6					
7						7						7						7					
8						8						8						8					
9						9						9						9					
10						10						10						10					
11						11						11						11					
12						12						12						12					
13						13						13						13					
14						14						14						14					
15						15						15						15					
16						16						16						16					
17						17						17						17					
18						18						18						18					
19						19						19						19					
20						20						20						20					
21						21						21						21					
22						22						22						22					
23						23						23						23					

/ （ ）	天気	/ （ ）	天気	/ （ ）	天気	NOTE

生後	日目	生後	日目	生後	日目

授乳	回	離乳食	回	授乳	回	離乳食	回	授乳	回	離乳食	回
おしっこ	回	うんち	回	おしっこ	回	うんち	回	おしっこ	回	うんち	回

時刻	授乳	離乳食	おしっこ	うんち	ねんね	時刻	授乳	離乳食	おしっこ	うんち	ねんね	時刻	授乳	離乳食	おしっこ	うんち	ねんね
0						0						0					
1						1						1					
2						2						2					
3						3						3					
4						4						4					
5						5						5					
6						6						6					
7						7						7					
8						8						8					
9						9						9					
10						10						10					
11						11						11					
12						12						12					
13						13						13					
14						14						14					
15						15						15					
16						16						16					
17						17						17					
18						18						18					
19						19						19					
20						20						20					
21						21						21					
22						22						22					
23						23						23					

生後　　　カ月

/　　（　）	天気	/　　（　）	天気	/　　（　）	天気	/　　（　）	天気

生後　　　日目	生後　　　日目	生後　　　日目	生後　　　日目

授乳　　回　離乳食　　回	授乳　　回　離乳食　　回	授乳　　回　離乳食　　回	授乳　　回　離乳食　　回
おしっこ　回　うんち　　回	おしっこ　回　うんち　　回	おしっこ　回　うんち　　回	おしっこ　回　うんち　　回

時刻	授乳	離乳食	おしっこ	うんち	ねんね	時刻	授乳	離乳食	おしっこ	うんち	ねんね	時刻	授乳	離乳食	おしっこ	うんち	ねんね	時刻	授乳	離乳食	おしっこ	うんち	ねんね
0						0						0						0					
1						1						1						1					
2						2						2						2					
3						3						3						3					
4						4						4						4					
5						5						5						5					
6						6						6						6					
7						7						7						7					
8						8						8						8					
9						9						9						9					
10						10						10						10					
11						11						11						11					
12						12						12						12					
13						13						13						13					
14						14						14						14					
15						15						15						15					
16						16						16						16					
17						17						17						17					
18						18						18						18					
19						19						19						19					
20						20						20						20					
21						21						21						21					
22						22						22						22					
23						23						23						23					

/ ( )	天気	/ ( )	天気	/ ( )	天気	NOTE

生後　　　　日目	生後　　　　日目	生後　　　　日目

授乳	回	離乳食	回	授乳	回	離乳食	回	授乳	回	離乳食	回
おしっこ	回	うんち	回	おしっこ	回	うんち	回	おしっこ	回	うんち	回

時刻	授乳	離乳食	おしっこ	うんち	ねんね	時刻	授乳	離乳食	おしっこ	うんち	ねんね	時刻	授乳	離乳食	おしっこ	うんち	ねんね
0						0						0					
1						1						1					
2						2						2					
3						3						3					
4						4						4					
5						5						5					
6						6						6					
7						7						7					
8						8						8					
9						9						9					
10						10						10					
11						11						11					
12						12						12					
13						13						13					
14						14						14					
15						15						15					
16						16						16					
17						17						17					
18						18						18					
19						19						19					
20						20						20					
21						21						21					
22						22						22					
23						23						23					

生後　　　カ月

時刻	授乳	離乳食	おしっこ	うんち	ねんね	時刻	授乳	離乳食	おしっこ	うんち	ねんね	時刻	授乳	離乳食	おしっこ	うんち	ねんね	時刻	授乳	離乳食	おしっこ	うんち	ねんね

各列ヘッダー：

／　（　）　天気
生後　　　日目
授乳　　回　離乳食　　回
おしっこ　　回　うんち　　回

時刻
0
1
2
3
4
5
6
7
8
9
10
11
12
13
14
15
16
17
18
19
20
21
22
23

/ ( )	天気	/ ( )	天気	/ ( )	天気	NOTE

生後　　　　日目	生後　　　　日目	生後　　　　日目

授乳　　回　離乳食　　回	授乳　　回　離乳食　　回	授乳　　回　離乳食　　回
おしっこ　回　うんち　　回	おしっこ　回　うんち　　回	おしっこ　回　うんち　　回

時刻	授乳	離乳食	おしっこ	うんち	ねんね	時刻	授乳	離乳食	おしっこ	うんち	ねんね	時刻	授乳	離乳食	おしっこ	うんち	ねんね
0						0						0					
1						1						1					
2						2						2					
3						3						3					
4						4						4					
5						5						5					
6						6						6					
7						7						7					
8						8						8					
9						9						9					
10						10						10					
11						11						11					
12						12						12					
13						13						13					
14						14						14					
15						15						15					
16						16						16					
17						17						17					
18						18						18					
19						19						19					
20						20						20					
21						21						21					
22						22						22					
23						23						23					

生後　　　カ月

／　（　）	天気	／　（　）	天気	／　（　）	天気	／　（　）	天気
生後　　　日目		生後　　　日目		生後　　　日目		生後　　　日目	

授乳　　回　　離乳食　　回　　　　　授乳　　回　　離乳食　　回　　　　　授乳　　回　　離乳食　　回　　　　　授乳　　回　　離乳食　　回

おしっこ　回　　うんち　　回　　　　　おしっこ　回　　うんち　　回　　　　　おしっこ　回　　うんち　　回　　　　　おしっこ　回　　うんち　　回

時刻	授乳	離乳食	おしっこ	うんち	ねんね	時刻	授乳	離乳食	おしっこ	うんち	ねんね	時刻	授乳	離乳食	おしっこ	うんち	ねんね	時刻	授乳	離乳食	おしっこ	うんち	ねんね
0						0						0						0					
1						1						1						1					
2						2						2						2					
3						3						3						3					
4						4						4						4					
5						5						5						5					
6						6						6						6					
7						7						7						7					
8						8						8						8					
9						9						9						9					
10						10						10						10					
11						11						11						11					
12						12						12						12					
13						13						13						13					
14						14						14						14					
15						15						15						15					
16						16						16						16					
17						17						17						17					
18						18						18						18					
19						19						19						19					
20						20						20						20					
21						21						21						21					
22						22						22						22					
23						23						23						23					

			天気					天気					天気

NOTE

/ ( )	/ ( )	/ ( )

生後　　　　日目	生後　　　　日目	生後　　　　日目

授乳　　　回　離乳食　　　回	授乳　　　回　離乳食　　　回	授乳　　　回　離乳食　　　回
おしっこ　回　うんち　　回	おしっこ　回　うんち　　回	おしっこ　回　うんち　　回

時刻	授乳	離乳食	おしっこ	うんち	ねんね	時刻	授乳	離乳食	おしっこ	うんち	ねんね	時刻	授乳	離乳食	おしっこ	うんち	ねんね
0						0						0					
1						1						1					
2						2						2					
3						3						3					
4						4						4					
5						5						5					
6						6						6					
7						7						7					
8						8						8					
9						9						9					
10						10						10					
11						11						11					
12						12						12					
13						13						13					
14						14						14					
15						15						15					
16						16						16					
17						17						17					
18						18						18					
19						19						19					
20						20						20					
21						21						21					
22						22						22					
23						23						23					

生後　　　カ月

／　（　） 天気	／　（　） 天気	／　（　） 天気	／　（　） 天気
生後　　　日目	生後　　　日目	生後　　　日目	生後　　　日目

授乳　　回　離乳食　　回　おしっこ　　回　うんち　　回

時刻	授乳	離乳食	おしっこ	うんち	ねんね
0					
1					
2					
3					
4					
5					
6					
7					
8					
9					
10					
11					
12					
13					
14					
15					
16					
17					
18					
19					
20					
21					
22					
23					

/ （ ）	天気	/ （ ）	天気	/ （ ）	天気	NOTE

生後　　　日目	生後　　　日目	生後　　　日目

授乳　　回	離乳食　　回	授乳　　回	離乳食　　回	授乳　　回	離乳食　　回
おしっこ　回	うんち　　回	おしっこ　回	うんち　　回	おしっこ　回	うんち　　回

時刻	授乳	離乳食	おしっこ	うんち	ねんね	時刻	授乳	離乳食	おしっこ	うんち	ねんね	時刻	授乳	離乳食	おしっこ	うんち	ねんね
0						0						0					
1						1						1					
2						2						2					
3						3						3					
4						4						4					
5						5						5					
6						6						6					
7						7						7					
8						8						8					
9						9						9					
10						10						10					
11						11						11					
12						12						12					
13						13						13					
14						14						14					
15						15						15					
16						16						16					
17						17						17					
18						18						18					
19						19						19					
20						20						20					
21						21						21					
22						22						22					
23						23						23					

生後　　　カ月

／　（　）天気	／　（　）天気	／　（　）天気	／　（　）天気
生後　　日目	生後　　日目	生後　　日目	生後　　日目

授乳　　回　離乳食　　回	授乳　　回　離乳食　　回	授乳　　回　離乳食　　回	授乳　　回　離乳食　　回
おしっこ　回　うんち　回	おしっこ　回　うんち　回	おしっこ　回　うんち　回	おしっこ　回　うんち　回

時刻	授乳	離乳食	おしっこ	うんち	ねんね
0					
1					
2					
3					
4					
5					
6					
7					
8					
9					
10					
11					
12					
13					
14					
15					
16					
17					
18					
19					
20					
21					
22					
23					

(上記の時刻表は4列分くり返されている)

／ （ ）	天気	／ （ ）	天気	／ （ ）	天気	NOTE

生後	日目	生後	日目	生後	日目

授乳	回	離乳食	回	授乳	回	離乳食	回	授乳	回	離乳食	回
おしっこ	回	うんち	回	おしっこ	回	うんち	回	おしっこ	回	うんち	回

時刻	授乳	離乳食	おしっこ	うんち	ねんね	時刻	授乳	離乳食	おしっこ	うんち	ねんね	時刻	授乳	離乳食	おしっこ	うんち	ねんね
0						0						0					
1						1						1					
2						2						2					
3						3						3					
4						4						4					
5						5						5					
6						6						6					
7						7						7					
8						8						8					
9						9						9					
10						10						10					
11						11						11					
12						12						12					
13						13						13					
14						14						14					
15						15						15					
16						16						16					
17						17						17					
18						18						18					
19						19						19					
20						20						20					
21						21						21					
22						22						22					
23						23						23					

生後　　　カ月

	天気			天気			天気			天気
／　（　）			／　（　）			／　（　）			／　（　）	

生後　　　日目	生後　　　日目	生後　　　日目	生後　　　日目

授乳　　回	離乳食　　回	授乳　　回	離乳食　　回	授乳　　回	離乳食　　回	授乳　　回	離乳食　　回
おしっこ　回	うんち　　回	おしっこ　回	うんち　　回	おしっこ　回	うんち　　回	おしっこ　回	うんち　　回

時刻	授乳	離乳食	おしっこ	うんち	ねんね	時刻	授乳	離乳食	おしっこ	うんち	ねんね	時刻	授乳	離乳食	おしっこ	うんち	ねんね	時刻	授乳	離乳食	おしっこ	うんち	ねんね
0						0						0						0					
1						1						1						1					
2						2						2						2					
3						3						3						3					
4						4						4						4					
5						5						5						5					
6						6						6						6					
7						7						7						7					
8						8						8						8					
9						9						9						9					
10						10						10						10					
11						11						11						11					
12						12						12						12					
13						13						13						13					
14						14						14						14					
15						15						15						15					
16						16						16						16					
17						17						17						17					
18						18						18						18					
19						19						19						19					
20						20						20						20					
21						21						21						21					
22						22						22						22					
23						23						23						23					

			天気	
／ （ ）				

生後　　　　　**日目**

授乳	回	離乳食	回
おしっこ	回	うんち	回

時刻	授乳	離乳食	うんち おしっこ	ねんね
0				
1				
2				
3				
4				
5				
6				
7				
8				
9				
10				
11				
12				
13				
14				
15				
16				
17				
18				
19				
20				
21				
22				
23				

			天気	
／ （ ）				

生後　　　　　**日目**

授乳	回	離乳食	回
おしっこ	回	うんち	回

時刻	授乳	離乳食	うんち おしっこ	ねんね
0				
1				
2				
3				
4				
5				
6				
7				
8				
9				
10				
11				
12				
13				
14				
15				
16				
17				
18				
19				
20				
21				
22				
23				

			天気	
／ （ ）				

生後　　　　　**日目**

授乳	回	離乳食	回
おしっこ	回	うんち	回

時刻	授乳	離乳食	うんち おしっこ	ねんね
0				
1				
2				
3				
4				
5				
6				
7				
8				
9				
10				
11				
12				
13				
14				
15				
16				
17				
18				
19				
20				
21				
22				
23				

NOTE

生後　　　カ月

天気
／　　（　　）

天気
／　　（　　）

天気
／　　（　　）

天気
／　　（　　）

生後　　　日目	生後　　　日目	生後　　　日目	生後　　　日目
授乳　　回　　離乳食　　回	授乳　　回　　離乳食　　回	授乳　　回　　離乳食　　回	授乳　　回　　離乳食　　回
おしっこ　回　　うんち　　回	おしっこ　回　　うんち　　回	おしっこ　回　　うんち　　回	おしっこ　回　　うんち　　回

時刻	授乳	離乳食	おしっこ	うんち	ねんね	時刻	授乳	離乳食	おしっこ	うんち	ねんね	時刻	授乳	離乳食	おしっこ	うんち	ねんね	時刻	授乳	離乳食	おしっこ	うんち	ねんね
0						0						0						0					
1						1						1						1					
2						2						2						2					
3						3						3						3					
4						4						4						4					
5						5						5						5					
6						6						6						6					
7						7						7						7					
8						8						8						8					
9						9						9						9					
10						10						10						10					
11						11						11						11					
12						12						12						12					
13						13						13						13					
14						14						14						14					
15						15						15						15					
16						16						16						16					
17						17						17						17					
18						18						18						18					
19						19						19						19					
20						20						20						20					
21						21						21						21					
22						22						22						22					
23						23						23						23					

/ ( )	天気	/ ( )	天気	/ ( )	天気	NOTE

生後　　　日目	生後　　　日目	生後　　　日目

授乳　　回　離乳食　　回	授乳　　回　離乳食　　回	授乳　　回　離乳食　　回
おしっこ　回　うんち　　回	おしっこ　回　うんち　　回	おしっこ　回　うんち　　回

時刻	授乳	離乳食	おしっこ	うんち	ねんね	時刻	授乳	離乳食	おしっこ	うんち	ねんね	時刻	授乳	離乳食	おしっこ	うんち	ねんね
0						0						0					
1						1						1					
2						2						2					
3						3						3					
4						4						4					
5						5						5					
6						6						6					
7						7						7					
8						8						8					
9						9						9					
10						10						10					
11						11						11					
12						12						12					
13						13						13					
14						14						14					
15						15						15					
16						16						16					
17						17						17					
18						18						18					
19						19						19					
20						20						20					
21						21						21					
22						22						22					
23						23						23					

1 month

生後1カ月

1

ママ＆パパのコメント

2months

生後 2 カ月

ママ & パパのコメント

_____

_____

_____

_____

_____

3 months

生後3カ月

3

ママ & パパのコメント

_____

_____

_____

_____

_____

4 months

生後 4 カ月

ママ & パパのコメント

_____

_____

_____

_____

_____

5 months

生後 5 カ月

ママ & パパのコメント

_____

_____

_____

_____

_____

Half
Birthday

6months

生後6カ月

ママ＆パパのコメント

7 months

生後7カ月

7

ママ＆パパのコメント

8 months

生後 8 カ月

ママ & パパのコメント

_____

_____

_____

_____

_____

9 months

生後9カ月

9

ママ＆パパのコメント

_____

_____

_____

_____

_____

10 months

生後 10 カ月

ママ＆パパのコメント

11 months

生後 11 カ月

ママ & パパのコメント

_____

_____

_____

_____

_____

12 months

生後 12 カ月

ママ＆パパのコメント

_____

_____

_____

_____

_____

FIRST STEPS & EVENTS

【 はじめての記録 & はじめてのイベント 】

EVENT
....

DATE
....

ママ & パパのコメント

....

....

....

お宮参り、お食い初め、クリスマスなどのイベントや、
寝返り、おすわりなど成長の記録を残しましょう。

EVENT

DATE

ママ＆パパのコメント

FIRST STEPS & EVENTS

EVENT
....

DATE
....

ママ & パパのコメント
....

....

....

....

EVENT

DATE

ママ＆パパのコメント

FIRST STEPS & EVENTS

EVENT

DATE

ママ & パパのコメント

EVENT

DATE

ママ & パパのコメント

FIRST STEPS
【 はじめての記録 】

寝返りできた！

DATE　　　・　・

あやすと笑った！

DATE　　　・　・

首がすわった！

DATE　　　・　・

ひとりで
おすわりできた！

DATE　　　・　・

はいはいした！

DATE　　　・　・

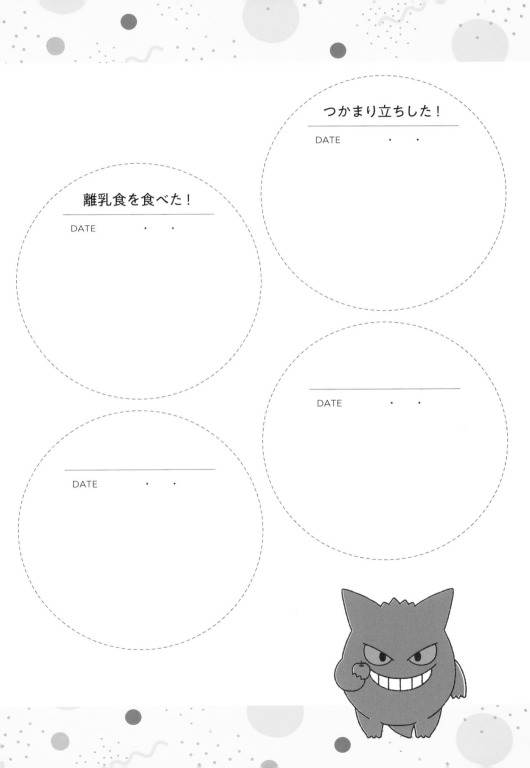

つかまり立ちした！

DATE　　　・　・

離乳食を食べた！

DATE　　　・　・

DATE　　　・　・

DATE　　　・　・

BABY'S FAVORITES

【 好きなもの 】

SONGS
うた

BOOKS
本

SHOWS&VIDEOS
番組や動画

TOYS
おもちゃ

FOODS
食べ物

PLAY
あそび

BABY'S HATES
【 嫌いなもの、苦手なもの 】

1st
BIRTHDAY!

【 1才の誕生日 】

ここに1才のバースデーフォトを貼りましょう

● 1才のころの様子

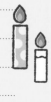

赤ちゃんの記念フォトやファミリーフォトを貼りましょう

● 身長　　　　cm ／ 体重　　　　g ／ 頭囲　　　　cm ／ 胸囲　　　　cm

● ママ & パパのコメント

定期健診の記録

日付	健診の場所	健診月齢	健診時の赤ちゃんの様子	健診で言われたこと・気になったこと
／		1カ月		
／		3〜4カ月		
／		6〜7カ月		
／		9〜10カ月		
／		1才		
／		1才6カ月		
／				
／				
／				

予防接種の記録

日付	接種した場所	予防接種	回数	次回の予定など
/				
/				
/				
/				
/				
/				
/				
/				
/				
/				
/				
/				
/				
/				
/				
/				
/				
/				
/				
/				
/				
/				
/				
/				

健康・通院の記録

日付	赤ちゃんの体調	病院	メモ
／			
／			
／			
／			
／			
／			
／			
／			
／			
／			
／			
／			
／			
／			

赤ちゃんがかかった病気や、治療した病院などについて記入しましょう。
メモ欄は、服用した薬や発熱時の体温などの記録に活用してください。

日付	赤ちゃんの体調	病院	メモ
/			
/			
/			
/			
/			
/			
/			
/			
/			
/			
/			
/			
/			

● かかりつけ医 & 緊急連絡先リスト

※ 緊急時に備えて連絡先をメモしておきましょう。

NAME	TEL

monpoké BABY DIARY

<small>モンポケ　ベビー　ダイアリー</small>

2023年3月31日　第1刷発行
2024年5月10日　第2刷発行

編　者	主婦の友社
発行者	平野健一
発行所	株式会社主婦の友社
	〒141-0021
	東京都品川区上大崎3-1-1 目黒セントラルスクエア
	電話　03-5280-7537（内容・不良品等のお問い合わせ）　049-259-1236（販売）
印刷所	大日本印刷株式会社

ISBN978-4-07-454385-4
©SHUFUNOTOMO CO., LTD. 2023
Printed in Japan

©Pokémon. ©Nintendo/Creatures inc./GAME FREAK inc.
For sale in Japan only

■本のご注文は、お近くの書店または主婦の友社コールセンター（電話0120-916-892）まで。
＊お問い合わせ受付時間　月～金（祝日を除く）10:00～16:00
＊個人のお客さまからのよくある質問のご案内 https://shufunotomo.co.jp/faq/

デザイン／高木秀幸(hoop.)、石田絢香(hoop.)　編集協力／米田桃子　編集担当／亀田真弓(主婦の友社)